비문학편

6단계 A

문해력을 키우려면 어떻게 해야 할까요?

- 우리말에 대한 이해가 필수예요.
- 문장을 구조적으로 읽는 연습이 필요해요.
- 글 전체와 부분의 관계를 생각하며 읽는 태도가 필요해요.

문해력이란 무엇인가요?

문해력의 사전적 의미는 독해력과 거의 비슷해요. 글을 읽고 그 뜻을 이해하는 능력을 뜻하지요. 다만 독해 교육과 관련한 용어로서 문해력은 문장과 글을 구조적, 기술적으로 파악하고 글 전체를 이해하여 응용하는 능력을 뜻해요. 또 독해력은 글의 읽기 능력만을 뜻하지만 문해력은 우리말의 기능과 역할에 대한 이해를 바탕으로 글을 읽고, 쓰고 다루는, 종합적인 능력을 뜻해요.

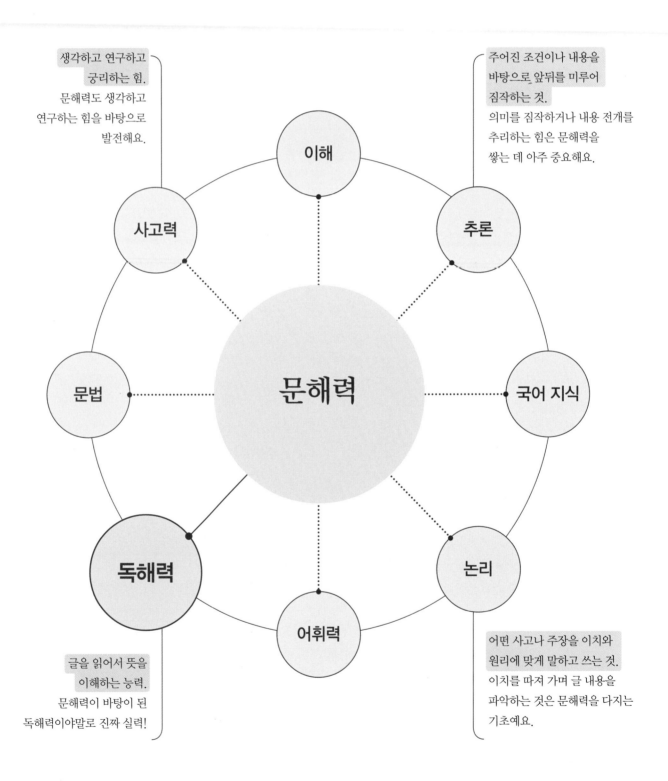

생각하고 연구하고 궁리하는 힘.
문해력도 생각하고 연구하는 힘을 바탕으로 발전해요.

주어진 조건이나 내용을 바탕으로 앞뒤를 미루어 짐작하는 것.
의미를 짐작하거나 내용 전개를 추리하는 힘은 문해력을 쌓는 데 아주 중요해요.

이해

사고력

추론

문법

문해력

국어 지식

독해력

논리

어휘력

글을 읽어서 뜻을 이해하는 능력.
문해력이 바탕이 된 독해력이야말로 진짜 실력!

어떤 사고나 주장을 이치와 원리에 맞게 말하고 쓰는 것.
이치를 따져 가며 글 내용을 파악하는 것은 문해력을 다지는 기초예요.

비문학 독해에
문해력이 중요한 까닭은 무엇인가요?

비문학 글은 정보 전달을 주된 목적으로 해요.
정보에 대한 **사실적 이해**와 주요 내용을 정리하고 기억하는 **구조적 이해**가 중요하지요.

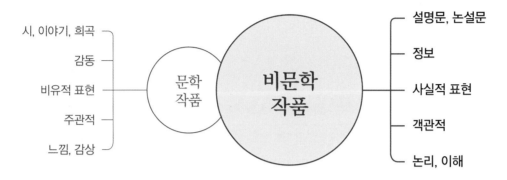

그래서 문장이나 글을 기능적, 구조적으로 읽는 문해력이 바탕이 되면 비문학 글을 쉽게 읽을 수 있어요.
문해력을 바탕으로 읽은 글은 읽고 나서도 그 내용을 보다 오랫동안 기억할 수 있지요.

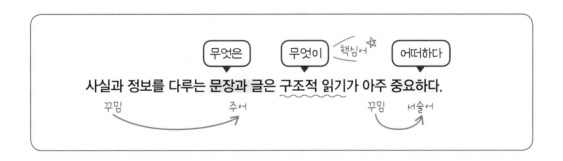

거꾸로 **비문학 글은 문해력을 키우는 데 도움이 돼요.**
문장이나 글의 짜임을 파악하는 연습을 문학 작품보다 쉽게 할 수 있고 핵심 정보를 뽑아내는 훈련을
하는 데도 좋아요. 그리고 글의 구조도 단순하기 때문에 글 전체를 보는 안목도 기를 수 있어요.
이처럼 문해력과 비문학 독해는 서로의 능력을 돕고 도와주는, 함께 커 가는 쌍둥이라고 할 수 있어요!

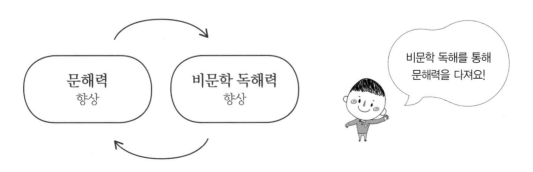

구성과 특징

초등 문해력 독해가 힘이다(비문학편)은 문해력을 바탕으로 비문학 독해의 사실적 읽기, 구조적 읽기를 훈련할 수 있게 구성하였습니다.

1일차

문해 기술

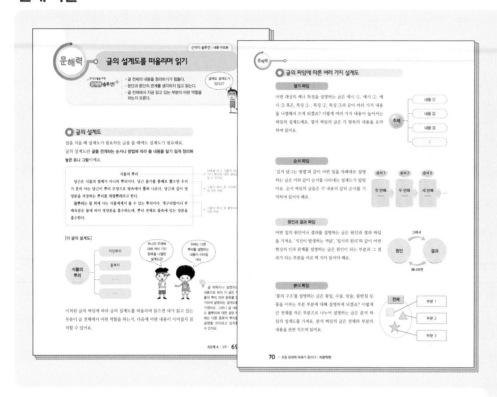

• **문장 읽기**
  - 주술부
  - 문장 성분
  - 호응
  - 접속어
  - 어휘 추론

• **핵심 정보 파악**
  - 주제
  - 핵심어
  - 중심 낱말
  - 중심 문장
  - 문장 단순화
  - 정보의 구분

• **내용 구조화**
  - 문단
  - 단락
  - 글의 구조
  - 요약
  - 재구성
  - 내용 구조
  - 시각화

• **자료 읽기**
  - 표
  - 도형
  - 그래프
  - 자료 해석

📖 교과 과정에 따른 영역별 비문학 지문

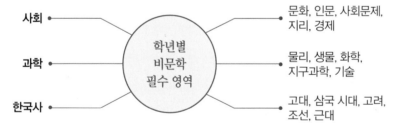

사회 ● — 문화, 인문, 사회문제, 지리, 경제

과학 ● — 학년별 비문학 필수 영역 — 물리, 생물, 화학, 지구과학, 기술

한국사 ● — 고대, 삼국 시대, 고려, 조선, 근대

📖 문해 기술을 적용한 비문학 독해

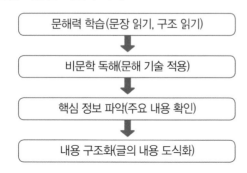

문해력 학습(문장 읽기, 구조 읽기)
↓
비문학 독해(문해 기술 적용)
↓
핵심 정보 파악(주요 내용 확인)
↓
내용 구조화(글의 내용 도식화)

비문학 독해 지문

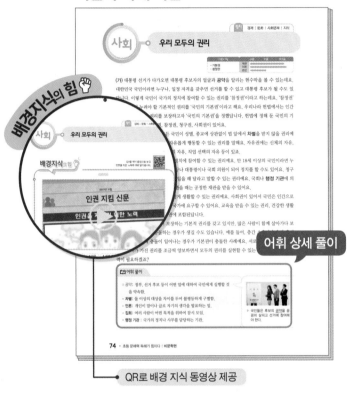

배경지식의 힘

어휘 상세 풀이

QR로 배경 지식 동영상 제공

문해 기술을 적용한 독해 문제

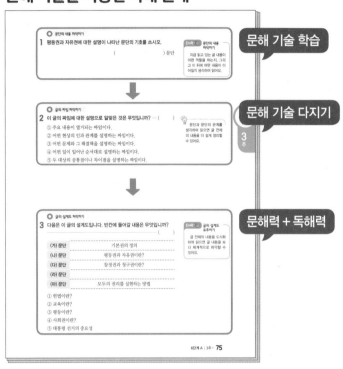

문해 기술 학습

문해 기술 다지기

문해력 + 독해력

독해 지문 완벽 이해

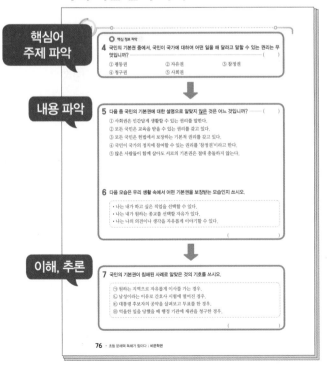

**핵심어
주제 파악**

내용 파악

이해, 추론

독해의 힘 내용 구조화

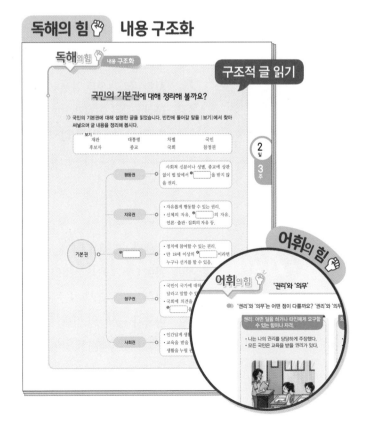

구조적 글 읽기

어휘의 힘

비문학편 6단계 A

차례

호응 관계를 생각하며 읽기

문해력이 뛰어난 사람은 어떻게 읽을까?

문해력이 뛰어난 사람은 문장을 구조적, 기능적으로 읽어요. 문장을 이루는 성분의 문법적 기능을 알고 문장의 앞뒤 관계를 바탕으로 의미를 짐작하며 읽기 때문에 보다 더 빨리, 정확하게 내용을 파악할 수 있어요. 자연스럽고 완전한 문장을 만드는 데 꼭 필요한 문장의 호응 관계에 대해 공부해요.

1주에 공부할 내용

초등 문해력 독해가 힘이다 | 비문학편

문해력 ○ 호응 관계를 생각하며 읽기

이런 친구들을 위한
문해력 솔루션! +

· 문장을 읽는 속도가 너무 느리다.
· 문장의 앞뒤 관계를 파악하는 데 어려움을 느낀다.
· 잘못 쓴 문장을 읽고도 무엇이 이상한지 알지 못한다.

이 문장은 좀 어색한데 왜 그런지 모르겠네?

○ 문장 성분의 호응 관계란?

어딘가 이상한데?

다음 문장이 왜 어색한지 생각하며 읽어 볼까요?

> ㉠ 지난 주말에 할아버지께서 서울에 오실 것이다.
> ㉡ 그는 결코 거짓말을 하겠다고 다짐했다.
> ㉢ 작가는 시간이 나면 시와 그림을 그렸다.

㉠은 앞에 '지난 주말에'가 있는데 할아버지께서 서울에 '오실 것이다'라고 해서 앞으로 일어날 일을 썼어요. 과거를 나타내는 말에 맞춰 '서울에 오셨다'라고 해야 자연스럽지요.

㉡은 앞에 '결코'가 있는데 거짓말을 '하겠다'고 다짐했어요. 거짓말을 '하지 않겠다'고 다짐해야 자연스러운 문장이 돼요.

㉢은 작가가 '시와 그림을 그렸다'고 했어요. 그림을 그리는 것은 자연스럽지만 시를 그리는 것은 어색해요. '시를 쓰고 그림을 그렸다'라고 해야 자연스럽지요.

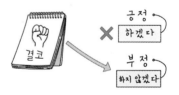

시는 　쓰고, 　그림은 　그리고

문장 성분의 호응이란, 이처럼 **앞에 어떤 말이 오면 뒤에 특정한 말이 자연스럽게 따라오는 것**을 말해요. 호응 관계를 생각하며 글을 읽으면 문장의 앞부분만 보고도 뒤에 어떤 내용이 올지 짐작할 수 있어서 문장을 보다 효과적으로 읽을 수 있어요.

시간 표현의 호응

시간 표현에 따라 어울리는 서술어가 있어요. 시간 표현과 거기에 어울리는 서술어가 잘못 쓰이면 문장의 호응이 바르지 않아요.

특정한 뜻을 나타내는 말의 호응

결코 도저히 차마 여간

'결코, 도저히, 차마, 여간'은 부정을 나타내는 말과 호응하는 말이에요.

그 일은 <u>결코</u> 내가 하지 <u>않았다.</u>
└─호응─┘

나는 그 일을 <u>도저히 / 차마</u> 할 수 <u>없었다.</u>
└─호응─┘

만약

'만약'은 어떤 조건이나 가정을 나타내는 말과 호응하는 말이에요.

내가 <u>만약</u> 날 수 있는 <u>새라면</u> 얼마나 좋을까?
└─호응─┘

비록

'비록'은 '아무리 그러하더라도'라는 뜻이에요. 그래서 '~ㄹ지라도, -지마는'과 호응해요.

유관순은 <u>비록</u> 나이 어린 <u>소녀일지라도</u> 용기를 가지고 독립운동에 나섰다.
└─호응─┘

확인 문제 1 문장 성분의 호응 관계 파악하기 ▶ 정답 2쪽

◇ 다음 문장의 밑줄 그은 말과 호응하는 서술어를 빈칸에 써넣으시오.

(1) 그는 <u>도저히</u> 참을 수가 (   )

(2) 나는 <u>지금</u> 열심히 숙제를 (   )

(3) <u>지난주</u>에 아주 재미있는 영화를 (   )

(4) <u>차마</u> 그 광경을 볼 수 (   )

(5) 마을 주민은 <u>결코</u> 친절하지 (   )

(6) <u>여간</u> 마음이 아픈 게 (   )

알맞은 서술어의 호응

> 나의 꿈은 월드컵에서 우승하고 싶다. ─────→ 우승하는 것이다(무엇이다)
> (주어)   (서술어)

주어가 '나의 꿈은'인데 서술어는 '우승하고 싶다'가 왔어요. 주어가 '나의 꿈은'이면 서술어는 '우승하는 것이다'와 같이 '무엇이다'가 와야 호응이 바른 문장이 되지요.

> 맑은 하늘에 먹구름이 끼더니 곧 천둥과 비가 내렸다. ─────→ 천둥이 치고 비가 내렸다
>   (주어)   (서술어)

주어가 '천둥과 비가'인데 서술어는 '내렸다'가 왔어요. 비가 내리는 것은 자연스럽지만 천둥이 내리는 것은 어색하지요? 그래서 '천둥이 치고 비가 내렸다'로 앞말에 알맞은 서술어를 모두 써 주어야 해요.

 천둥이 + 치고   비가 + 내렸다

나의 장래 희망은
+
축구 선수 이다 O
우승하고 싶다 X

특정한 주어가 왔으면 거기에 어울리는 서술어를 짐작할 수 있고, 특정한 뜻을 나타내는 말이 왔으면 뒤에 어떤 조건이 오거나 부정을 나타내는 말이 온다는 것을 알 수 있어요. 이처럼 **문장 성분의 호응을 생각하며 문장을 읽으면 문장의 앞뒤 관계가 분명해지므로 보다 빠르게 문장의 의미를 파악**할 수 있어요.

문해력 솔루션! | 호응 관계를 생각하며 읽기

▶ '결코', '도저히'와 같은 말이 오면 부정 서술어가 나올 것임을 예상하고 읽자.
▶ 문장에서 주어를 찾고 그 주어나 앞말에 어울리는 서술어를 짐작하며 읽자.

1 다음 중 문장 성분의 호응이 바른 문장은 어느 것입니까?······ (   )

① 내일 할아버지께서 서울에 오셨다.

② 나는 게임하는 것을 별로 좋아한다.

③ 나는 결코 친구에게 나쁜 말을 했다.

④ 나는 지호의 생각을 도저히 이해할 수 없다.

⑤ 숲속에는 다람쥐와 새들이 지저귀고 있었다.

> ■ **문장 성분의 호응**
> 앞에서 어떤 말이 나오면
> 뒤에 응하는 말이 따라옴.
> ⓔ 만약 + ~(이)라면
> 도저히 + ~못하다
> 왜냐하면 + ~ 때문이다

2 다음 문장이 어색하게 느껴지는 까닭은 무엇입니까?················ (   )

> 우리가 환경을 보호해야 하는 까닭은 환경 파괴의 피해가 결국 우리에게 돌아오는 것이라고 생각한다.

① 주어가 '까닭은'인데 서술어는 '생각한다'가 쓰여서

② 주어가 '우리가'인데 서술어는 '생각한다'가 쓰여서

③ 앞부분에 '결국'이 있는데 뒤에 '생각한다'가 쓰여서

④ 앞부분에 '피해가'가 있는데 뒤에 '생각한다'가 쓰여서

⑤ 앞부분에 '피해가'가 있으므로 부정 서술어가 와야 해서

> ■ **문장의 짜임 알아보기**
> 〈주어 부분〉
> 우리가 환경을 보호해
> 야 하는 까닭은
> +
> 〈서술어 부분〉
> 환경 파괴의 피해가 ~
> 생각한다

3 다음 문장의 파란색 낱말로 보아 뒤에 어떤 내용이 이어질지 바르게 짐작한 것에 ○표 하시오.

> (1) 이번 시험 문제가 쉬울 거라고 생각했는데 전혀 _____

    ㉠ 시험 문제가 쉽지 않았다는 내용 (   )

    ㉡ 시험 문제가 아주 쉬웠다는 내용 (   )

> (2) 나는 선희가 결코 거짓말을 _____

    ㉠ 하였다고 생각한다는 내용 (   )

    ㉡ 하지 않았다고 생각한다는 내용 (   )

> (3) 한여름인데도 날씨가 그다지 _____

    ㉠ 춥지 않았다는 내용 (   )

    ㉡ 덥지 않았다는 내용 (   )

> '전혀', '결코', '그다지'는
> 부정을 나타내는 서술어와
> 호응해요.

사회

군주제와 민주주의

2 일 1 주

QR을 찍어 동영상을 보고
민주주의에 대해 알아봅시다.

배경지식의힘

모든 국민이 나라의 주인!

민주주의

모든 사람들이 대화와 토론을 통해
~~의~~ 문제를 해결해 나가는 방식

민주주의 | # 자유 # 평등 # 인간_존엄성

▶ 동영상을 보고 알맞은 것에 ✔ 하세요.

▶ 정답 3쪽

1 모든 국민이 나라의 주인으로서 권리를 가지고, 그 권리를 자유롭고 평등하게 행사하는 정치 제도를 무엇이라고 하나요?

㉠ 독재 정치 ☐
㉡ 민주주의 ☐

2 민주주의가 이루어지기 위해서 필요한 것은 무엇인가요?

㉠ 특혜 ☐
㉡ 배려 ☐
㉢ 이기심 ☐

3 남에게 얽매이지 않고 자신의 생각에 따라 행동하는 것을 무엇이라고 하나요?

㉠ 강요 ☐
㉡ 자유 ☐

4 차별받지 않는 것을 무엇이라고 하나요?

㉠ 자만 ☐
㉡ 평등 ☐

사회

군주제와 민주주의

키워드 🔍	쉬움	보통	어려움
• 자유	제재		
• 평등	어휘		
	문장		

⊙ 군주제는 국왕이나 황제 등 국가의 최고 권력을 가진 군주가 국가의 중요한 일을 결정하고 시행해. 군주의 지위는 보통 부모에서 자식에게로 **세습**되지. 과거의 군주제에서는 신분 제도가 있어서 태어나면서 신분이 정해지고, 가장 낮은 계급의 사람들은 인간으로서의 **존엄**과 가치를 인정받지 못했지. 낮은 계급의 사람들은 높은 계급의 사람들에게 속해서 자신의 의사를 스스로 결정할 수 있는 자유를 얻지 못했어. 높은 계급의 사람들은 관리가 되어 나라를 다스리는 일에 참여할 수 있었고, 땅이나 집과 같은 재산을 가질 수 있었지. 그리고 교육을 받을 수도 있었어. 그렇지만 낮은 계급의 사람들은 부당하게 차별받는 일이 많았어. 군주제에서는 신분에 따라 대우가 달라지기도 하였지만 성별에 따라서 대우가 다르기도 했어. 여자들은 남자들에 비해 차별 대우를 받아서 교육의 내용이 다르거나 높은 교육을 받을 수 없거나 관리가 되어 나라의 일에 참여할 수 없었지. 그리고 군주제에서는 나라의 일을 군주가 결정했어. 만약 군주가 잘못된 판단을

[　　　　⊙　　　　] 나라는 큰 혼란에 빠질 수밖에 없었지.

군주제에 반해 민주주의는 모든 국민이 나라의 주인으로서 권리를 가지고, 그 권리를 자유롭고 평등하게 행사하는 정치 제도야. 민주주의에서는 모든 사람은 태어나는 순간부터 인간으로서의 존엄과 가치를 존중받아야 한다고 생각해. 그래서 사회적 약자와 타인을 배려하고 공동체를 항상 고려해야 해. 민주주의에서는 국가나 다른 사람들

▲ 평등을 표현한 그림

한테 구속받지 않고 자신의 의사를 스스로 결정할 수 있는 자유를 인정받을 수 있어. 신분, 재산, 성별, 인종 등에 따라 부당하게 차별받지 않고 평등하게 대우받을 수 있지.

민주주의에서의 의사 결정 원리는 대화와 **토론**, 타협이야. 해결해야 할 문제나 갈등 상황이 발생하면 각각 다른 의견을 가진 사람들이 충분한 대화와 토론을 하지. 대화와 토론이 충분히 되었다면 양보와 타협을 통해 결정해.

ⓒ 앞으로 민주주의가 어떻게 발전했을까? 민주주의가 다양한 모습으로 발전해도 그 안에 담긴 기본 정신은 반드시 [　　　ⓔ　　　]

📖 어휘 풀이

• **세습**: 한집안의 재산이나 신분, 직업 등을 대대로 물려주고 물려받음.

• **존엄**: 인물이나 지위 따위가 감히 범할 수 없을 정도로 높고 엄숙함.

○ **토론**: 어떤 문제에 대하여 찬성과 반대로 나누어 각각 의견을 말하는 것.

○ 토론과 토의

토론 ─ 찬성과 반대 / 문제 해결 / 가장 좋은 방법 ─ 토의

주어와 서술어의 호응

1 ㉠을 주어와 서술어의 호응에 알맞게 고친 것에 ○표 하시오.

(1) 군주제는 국왕이나 황제 등 국가의 최고 권력을 가진 군주가 국가의 중요한 일을 결정하고 시행했어. ( )

(2) 군주제는 국왕이나 황제 등 국가의 최고 권력을 가진 군주가 국가의 중요한 일을 결정하고 시행하려고 노력한다. ( )

(3) 군주제는 국왕이나 황제 등 국가의 최고 권력을 가진 군주가 국가의 중요한 일을 결정하고 시행하는 정치 방식이야. ( )

> **문해력 tip** 주어와 서술어의 호응
> 주어와 서술어가 바르게 호응하는지 확인하려면 주어와 서술어만 읽었을 때에 이해가 잘 되는지 살펴보아야 합니다.

꾸며 주는 말과 서술어의 호응

2 ㉡ 에 들어갈 알맞은 말은 무엇입니까? ·········· ( )

① 했다면 　　　② 할지라도
③ 하였더라도 　　④ 할 수 없다고
⑤ 한 것이 아니라면

> **문해력 tip** 꾸며 주는 말과 서술어의 호응
> '만약'과 서술어가 호응되려면 어떤 말이 와야 하는지 생각해요.

시간을 나타내는 말과 서술어의 호응

3 ㉢을 시간을 나타내는 말과 서술어가 호응되도록 고쳐 쓰시오.

( )

> '앞으로'가 과거, 현재, 미래 중 무엇을 나타내는지 생각해 보세요.

4 ㉣ 에 들어갈 서술어로 알맞은 것은 무엇입니까? ········ ( )

① 지켜져야 해. 　　　② 지켜질 것 같다.
③ 지켜질 수 없어. 　　④ 지켜지고 싶지 않아.
⑤ 지켜져야 하기 때문이야.

● 글의 내용 파악하기

5 군주제 사회의 모습으로 알맞지 <u>않은</u> 것은 무엇입니까? ·············· (   )

① 태어나면서 신분이 정해졌다.

② 나라의 일을 군주가 결정했다.

③ 신분에 관계없이 자유와 평등을 누릴 수 있었다.

④ 신분에 따라 교육을 받을 수 있는 권리가 제한되었다.

⑤ 신분에 따라 인간의 존엄성을 인정받지 못하는 경우도 있었다.

6 민주주의의 기본 정신으로 알맞은 것을 세 가지 고르시오. ··········· (,   ,   )

① 자유   ② 평등   ③ 권력 집중

④ 세습 정치   ⑤ 인간의 존엄

7 다음은 민주주의 사회의 모습입니다. (   ) 안에 알맞은 말을 [보기]에서 찾아 써넣으시오.

┌─ 보기 ──────────────
│ 자유   존엄   평등
└────────────────────

내용	예
모든 국민은 법 앞에 (1)( )하다.	성별, 장애 등 차별 없이 교실에서 함께 공부할 수 있다.
모든 국민은 직업 선택의 (2)( )를 가진다.	사람들이 자신이 원하는 다양한 직업을 가질 수 있다.
모든 사람은 태어나는 순간부터 인간으로서의 (3)( )과 가치를 존중받는다.	종교, 인종, 생활 방식 등을 이유로 인권을 무시당하지 않는다.

● 글의 내용 추론하기

8 다음과 같은 문제가 발생하였을 때 민주적인 의사 결정 원리에 따른 것으로 알맞지 <u>않은</u> 것의 기호를 쓰시오.

┌──┐
│ 문제: 시청에서 지역에 쓰레기 매립장을 지으려고 한다.   │
└──┘

┌──┐
│ ㉠ 찬성하는 지역 주민, 반대하는 지역 주민, 시장, 시 의원 등 관계자들이 모여 대화와 │
│   토론을 한다.   │
│ ㉡ 지역을 위해 더 좋은 점이나 지역 주민들이 바라는 방향으로 타협을 한다.   │
│ ㉢ 타협이 이루어지지 않을 경우 시장의 의견을 최우선으로 하여 결정한다.   │
└──┘

(   )

군주제와 민주주의에 대해 알아볼까요?

》 군주제와 민주주의에 대해 설명하는 글을 읽었습니다. 빈칸에 들어갈 말을 [보기]에서 찾아 써넣으며 글 내용을 정리해 봅시다.

┌ 보기 ┐

군주	발표	항쟁	평등
국민	토론	존엄	구속

2일

1주

군주제

국왕이나 황제 등 국가의 최고 권력을 가진 ❶[   ]가 국가의 중요한 일을 결정하고 시행하는 정치 방식

• 태어나면서 신분이 정해지고, 가장 낮은 계급의 사람들은 인간으로서의 ❷[   ]과 가치를 인정받지 못했음.
• 낮은 계급의 사람들은 자신의 의사를 스스로 결정할 수 있는 자유를 얻지 못했음.
• 낮은 계급의 사람들은 부당하게 차별받는 일이 많았음.

나라의 일을 군주가 결정했음.

뜻

모습이나 기본 정신

의사 결정 방법

모든 국민이 나라의 주인으로서 권리를 가지고, 그 권리를 자유롭고 평등하게 행사하는 정치 제도

• 모든 사람은 태어나는 순간부터 인간으로서의 존엄과 가치를 존중받음.
• 자신의 의사를 스스로 결정할 수 있는 자유를 인정받을 수 있음.
• 신분, 재산, 성별, 인종 등에 따라 부당하게 차별받지 않고 ❸[   ]하게 대우받을 수 있음.

대화와 ❹[   ], 타협을 거쳐 여러 사람의 이익을 위한 쪽으로 결정함.

민주주의

낱말에 따라 띄어쓰기

▶ 정답 3쪽

글을 쓸 때 내용의 이해를 쉽게 하고 뜻의 전달을 정확하게 하기 위해서는 띄어쓰기를 잘해야 해요. 낱말에 따라 어떻게 띄어 써야 할지 알아볼까요?

우리 가족 / 우리나라

'우리'와 뒷말은 대부분 띄어 쓰지만, '우리나라', '우리말', '우리글'처럼 한 낱말로 굳어진 말은 띄어 쓰지 않는다.

◀ 우리✓가족

안창호 선생님 / 독고 탁

성과 이름은 붙여 쓰고, 이에 덧붙는 호칭은 띄어 쓴다. 다만, 성과 이름을 분명히 구분할 필요가 있을 때에는 띄어 쓸 수 있다.

◀ 김구✓선생님✓동상

소 한 마리 / 6학년

단위를 나타내는 낱말은 앞말과 띄어 쓴다. 다만 순서를 나타내는 때나 숫자와 어울려 쓸 때에는 붙여 쓸 수 있다.

◀ 신발✓1켤레

한국 대 일본 / 연필, 지우개 등

두 말을 이어 주거나 여러 가지 말을 열거할 때 쓰이는 말은 띄어 쓴다.

◀ 수박,✓포도✓등

1 다음 문장을 읽고 바르게 띄어 쓴 것에 ○표 하시오.

(1) (김천재씨 / 김천재 씨   ), 앞으로 나오세요.

(2) 젖소 (열마리 / 열 마리   )가 풀밭에 있다.

(3) 설날에 (우리나라 / 우리 나라   )에서는 떡국을 먹는다.

(4) 그는 냉장고에 (우유, 과일, 물등 / 우유, 과일, 물 등   )을 넣었다.

2 다음 문장을 띄어쓰기 규칙에 맞게 다시 쓰시오.

(1) 청군대백군의줄다리기가시작되었다.

➡ (   )

(2) 추사김정희는유명한서예가겸화가이다.

➡ (   )

과학 ── 해와 달을 삼킨 개

배경지식의힘 ✊

QR을 찍어 동영상을 보고
태양, 지구, 달에 대해 알아봅시다.

태양, 지구, 달

000 km

이 숫자들의 비밀은?

🖱 지구 | # 달 | # 공전 | # 자전

3
일

1
주

▶ 동영상을 보고 알맞은 것에 ✔ 하세요.

▶ 정답 4쪽

1 스스로 빛을 내는 천체 중에서 지구에 가장 가까이 있는 것은 무엇인가요?

㉠ 달 ☐
㉡ 태양 ☐

2 지구의 특징으로 알맞은 것은 무엇인가요?

㉠ 생명체가 삽니다. ☐
㉡ 달의 주위를 돕니다. ☐

3 달의 공전에 대한 설명으로 알맞은 것은 무엇인 가요?

㉠ 달의 공전 방향은 동쪽에서 서쪽입니다. ☐
㉡ 달이 일정한 주기로 지구 주위를 도는 것입니다.
☐

4 지구의 자전에 대한 설명으로 알맞은 것은 무엇 인가요?

㉠ 지구는 서쪽에서 동쪽으로 자전합니다. ☐
㉡ 지구가 하루에 한 바퀴씩 태양 주위를 도는 것 입니다. ☐

과학 ○ 해와 달을 삼킨 개

키워드 🔍		쉬움	보통	어려움
・일식 ・월식	제재			
	어휘			
	문장			

해와 달을 삼키는 개에 대한 옛이야기를 들어 본 적이 있나요? 개가 해와 달을 삼키면 해와 달이 없어지고, 해는 너무 뜨거워서 달은 너무 차가워서 뱉으면 해와 달이 다시 나타난다는 이야기예요. 옛날에도 해와 달이 가려지는 일식과 월식이 있었지만, 그때는 왜 그런 일이 일어나는지 과학적으로 알 수 없었기 때문에 저런 이야기를 상상해 냈을 거예요.

일식은 달이 태양을 가려서 낮에도 어두워지는 현상이에요. 태양, 달, 지구 순서로 놓여 이 셋이 완벽하게 **일직선**이 되면 일어나요. 달이 태양을 가리면 태양 빛에 의해서 지구에 달의 그림자가 생겨요. 이때 달의 **본그림자**를 반그림자가 둘러싸고 있지요. 지구에서 달을

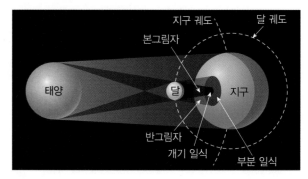

보는 사람이 달의 본그림자 안에 있으면 달이 태양 전체를 가리는 개기 일식을 볼 수 있어요. 그리고 반그림자 안에 있으면 달이 태양의 일부분을 가리는 부분 일식을 볼 수 있는 것이지요. 지구와 달은 움직이기 때문에 개기 일식을 볼 수 있는 조건이 쉽게 만들어지지 않아요. 그래서 개기 일식을 자주 볼 수 없어요.

태양은 달보다 약 400배 정도 커요. 그런데 어떻게 달이 태양을 ㉠가려질 수 있을까요? 지구에서 볼 때 달과 태양의 크기는 비슷해 보여요. 　㉡　 지구에서 태양은 멀리 있고 달은 가까이 있기 때문이에요. 마치 탁구공을 눈 가까이 대고 멀리 걸려 있는 시계를 보면 시계가 탁구공에 가려져서 　㉢　 말이지요. 달이 태양을 가릴 수 있는 것도 같은 이유이지요.

㉣월식은 달이 지구의 그림자에 가려져요. 태양, 지구, 달 순서일 때 월식이 일어나지요. 보름달이 **가장자리**부터 지구의 본그림자와 반그림자 사이에 들어가면 오목하게 파이면서 보름달의 일부만 보여요. 이렇게 보름달의 일부만 보이는 것을 부분 월식이라고 해요. 그리고 보름달이 지구의 본그림자 안에 완전하게 들어가서 전부 가려져 보이지 않는 것을 개기 월식이라고 하지요. 개기 월식일 때에도 달은 완전히 사라지지 않고 붉은색으로 보여요.

📖 **어휘 풀이**

・**일직선**: 한 방향으로 쭉 곧은 줄. 또는 그런 형태.
○**본그림자**: 모든 빛이 가려지는 곳에 생기는 짙고 어두운 그림자.
・**가장자리**: 둘레나 끝에 해당되는 부분.

○ **본그림자와 반그림자 구별하기**
・반그림자는 일부의 빛만 가려지는 곳에 생기는 희미하고 넓은 그림자.

◯ 문장 성분의 호응

1 다음을 보고 ㉠을 문장 성분의 호응에 알맞게 고쳐 쓰시오.

달이 (주어)	태양을 (목적어)	㉠ 가려질 (서술어)

(   )

문해력 tip 문장 성분

문장 성분은 한 문장을 구성하는 요소로서 문장에서 일정한 역할을 해요. 주어, 목적어, 서술어와 같은 것이 있어요.

◯ 꾸며 주는 말과 서술어의 호응

2 [㉡]에 들어갈 말로 알맞은 것은 무엇입니까?·········· (   )

① 그다지   ② 반드시   ③ 아무리
④ 모름지기   ⑤ 왜냐하면

문해력 tip 꾸며 주는 말과 서술어의 호응

앞에 어떤 꾸며 주는 말이 오면 뒤에 반드시 따라오는 서술어가 있습니다.
서술어 '때문이에요' 앞에는 어떤 꾸며 주는 말이 있을지 떠올려 보세요.

3 [㉢]에 들어갈 말로 알맞은 것은 어느 것입니까 ?   (   )

① 보여도
② 안 보이는 것뿐
③ 보이지 않더라도
④ 안 보이는 것처럼
⑤ 보여야 한다고 해도

앞에 '마치'라는 말과 관련지어서 어떤 말이 와야 어울릴지 생각해 보세요.

4 ㉣을 문장의 호응에 알맞게 고쳐 쓴 것은 어느 것입니까?····· (   )

① 월식은 달이 지구의 그림자에 가려요.
② 월식은 달이 지구의 그림자를 가려져요.
③ 달이 지구의 그림자를 가려져서 월식이 생겨요.
④ 월식은 달이 지구의 그림자에 가려지는 현상이에요.
⑤ 월식은 달이 지구의 그림자에 가리는 것을 말하여지는 현상이에요.

○ 글의 내용 파악하기

5 일식에 대한 설명으로 알맞지 <u>않은</u> 것은 어느 것입니까? ·· (   )

① 개기 일식은 자주 볼 수 없다.

② 달이 태양을 가리는 현상이다.

③ 태양, 지구, 달 순서일 때 일식이 일어난다.

④ 개기 일식은 달이 태양 전체를 가리는 것이다.

⑤ 부분 일식은 달이 태양의 일부분을 가리는 것이다.

○ 핵심 낱말 파악하기

6 '달', '태양', '지구' 중에서 빈칸에 알맞은 말을 골라 쓰시오.

⑴ 태양은 (   )보다 약 400배 정도 크다.

⑵ 달이 (   )을 가릴 수 있는 것은 (   )에서 태양은 멀리 있고, (   )은 가까이 있기 때문이다.

7 월식에 대한 설명으로 알맞지 <u>않은</u> 것에 ×표 하시오.

⑴ 반달일 때 월식이 생긴다. (   )

⑵ 태양, 지구, 달 순서일 때 일어난다. (   )

⑶ 달이 지구의 그림자에 가려지는 것이다. (   )

○ 글의 내용 추론하기

8 밑줄 그은 부분에 들어갈 내용으로 알맞은 것의 기호를 쓰시오.

> 고대 그리스 신화에는 헤카테라는 여신이 나와요. 이 여신은 주술과 마녀의 신으로 알려졌어요. 헤카테는 붉은 달이 뜨면 저승의 개를 몰고 땅으로 나와서 저주를 퍼트렸다고 해요. 그래서 옛날 서양에서는 _____

> ㉮ 개기 월식을 불길한 징조로 여겼어요.
> ㉯ 붉은 달을 신이 주는 선물이라고 생각했어요.
> ㉰ 개기 월식이 생기면 풍년이 든다고 믿었어요.

(   )

일식과 월식은 무엇일까요?

>> 일식과 월식에 대하여 설명하는 글을 읽었습니다. 빈칸에 들어갈 말을 [보기]에서 찾아 써넣으며 글 내용을 정리해 봅시다.

보기

지구	태양	대기	가깝게
붉은색	부분 일식	개기 일식	개기 월식

3일 1주

뜻

달이 ❶ [　　　]을 가려서 낮에도 어두워지는 현상

달이 ❷ [　　　]의 그림자에 가려지는 현상

천체의 순서

태양, 달, 지구 순서

태양, 지구, 달 순서

일식

월식

모습이나 특징

- 지구에서 달을 보는 사람이 달의 본그림자 안에 있으면 달이 태양 전체를 가리는 ❸ [　　　]을 볼 수 있음.
- 지구에서 달을 보는 사람이 달의 반그림자 안에 있으면 달이 태양의 일부분을 가리는 ❹ [　　　]을 볼 수 있음.
- 일식 현상으로 지구에서 달보다 태양이 더 멀리 있고, 달보다 태양이 더 크다는 사실을 알 수 있음.

- 보름달의 일부만 보이는 것을 부분 월식이라고 함.
- 보름달이 지구의 본그림자 안에 완전하게 들어가서 전부 가려져 보이지 않는 것을 개기 월식이라고 함.
- 개기 월식일 때에도 달은 완전히 사라지지 않고 ❺ [　　　]으로 보임.

해와 달에 관련된 관용 표현

▶ 정답 4쪽

● 해와 달은 우리 생활에 깊숙하게 들어와 있는 자연 현상이에요. 그래서 해와 달에 관련된 관용 표현이 많이 있어요.

해가 서쪽에서 뜨다

전혀 예상 밖의 일이나 절대로 있을 수 없는 희한한 일을 하려고 하거나 하였을 때.

해와 달이 바뀌다

세월이 많이 지나다.

달도 차면 기운다

세상의 온갖 것이 한번 번성하면 다시 쇠하기 마련이라는 말.

달 보고 짖는 개

대수롭지도 않은 일에 공연히 놀라거나 겁을 내서 떠들썩하는 싱거운 사람.

1 다음과 같은 상황에서 쓸 수 있는 관용 표현으로 알맞은 것에 ○표 하시오.

> 햄버거를 좋아하는 동생이 햄버거를 앞에 두고도 먹지 않을 때

(1) 해와 달이 바뀌다 (   )   (2) 해가 서쪽에서 뜨다 (   )

2 다음 (   ) 안에 알맞은 관용 표현을 줄로 이으시오.

(1) (   )(라)고 일본 제국도 언제인가는 망할 날이 있을 것이라고 생각하였다.   •   • ① 달 보고 짖는 개

(2) (   )(라)고 바람 소리에 놀라면 어떡하니?   •   • ② 달도 차면 기운다

한국사

안중근 의사, 그 치열한 독립을 향한 의지

배경지식의 힘

QR을 찍어 동영상을 보고
옥중가에 대해 알아봅시다.

4
일

1
주

100년이 지나서야 듣게 된 옥중가

옥중가 | # 안중근 | # 나라 | # 독립운동

▶ 동영상을 보고 알맞은 것에 ✔ 하세요.

▶ 정답 5쪽

1 옥중가의 내용으로 알맞은 것은 무엇인가요?

㉠ 민족과 나라에 대한 걱정 ☐

㉡ 재판을 받는 것에 대한 두려움 ☐

3 안중근이 두 동생에게 남긴 유언은 무엇인가요?

㉠ 대한 독립이 되는 날 춤을 추며 만세를 불러라. ☐

㉡ 내가 죽거든 시체를 우리나라가 독립하기 전에는 반장하지 마라. ☐

2 안중근이 재판 과정에서 말한 것은 무엇인가요?

㉠ 일본이 우리나라에 한 만행 ☐

㉡ 우리나라가 일본보다 뛰어난 점 ☐

4 옥중가에 대한 설명으로 알맞은 것은 무엇인가요?

㉠ 일제가 금지곡으로 지정하였습니다. ☐

㉡ 윤봉길에 의해서 후세에 전해졌습니다. ☐

한국사 ○── 안중근 의사, 그 치열한 독립을 향한 의지

키워드 🔍	쉬움　　　보통　　　어려움
• 안중근 • 독립	제재 어휘 문장

"탕탕탕."

1909년 10월 26일 만주 하얼빈 역에서 총소리가 울렸어. 총을 쏜 안중근은 **이토 히로부미**가 쓰러지는 것을 보고 권총에 남아 있던 세 발을 이토 히로부미를 뒤따르던 일본인들에게 쏘았어. 왜냐하면 ⟨　　　　　　　　　㉑　　　　　　　　　⟩

그 자리에서 러시아 경찰에게 체포된 안중근은 중국 뤼순에 있는 일본 영사관으로 ㉠보냈어. 일본 검찰관이 왜 이토 히로부미를 죽였는지 묻자 안중근이 대답했지.

"내가 이토를 죽인 이유는 ㉡그가 전에 다음과 같은 열다섯 가지 죄를 지었기 때문이오. 명성 황후를 죽인 죄, 고종 황제를 강제로 물러나게 한 죄, 죄 없는 한국인을 무수히 죽인 죄, 한국인이 일본인의 보호를 받고자 한다고 세계에 거짓말을 퍼뜨린 죄, 동양의 평화를 깨뜨린 죄……"

일본 검찰관의 조사가 끝난 뒤에 안중근은 재판을 받았어. 안중근은 법정에서 이렇게 말했어.

㉯"내가 이토를 죽인 것은 ㄱ가 동양의 평화를 어지럽힌 자이기 때문에 대한 제국 **의군** 참모 중장 자격으로서 한 일이오. 그러니 나를 살인범이 아니라 독립 전쟁 중에 잡힌 전쟁 포로로 대해 주시오."

1910년 2월 14일에 열린 마지막 재판에서 안중근은 사형을 선고받았어. 죽음을 앞둔 안중근에게 그의 두 동생이 면회를 와서 어머니의 편지를 전했는데 편지에는 다음과 같이 쓰여 있었지.

㉰"네가 만약 늙은 어미보다 먼저 죽는 것을 불효라 생각한다면 이 어미는 웃음거리가 될 것이다. 너의 죽음은 너 한 사람의 것이 아니라 조선인 전체의 분노를 짊어지는 것이다. 네가 항소를 한다면 그것은 일제에 목숨을 구걸하는 것이다."

항소를 하지 않은 안중근은 사형 전에 두 동생에게 이렇게 유언했어.

"내가 죽거든 시체는 우리나라가 독립하기 전에는 　㉢　 **반장**하지 마라."

1910년 3월 26일에 뤼순 감옥의 형장에서 안중근은 순국하였어.

▲ 안중근 의사 동상

📖 어휘 풀이

○ **이토 히로부미**: 대한 제국을 침략하는 데 앞장선 일본 사람.

• **의군**: 백성들이 자발적으로 조직한 군대. 또는 그 군대의 병사.

• **반장**: 임시로 있는 곳에서 죽은 사람을 그가 살던 곳이나 그의 고향으로 옮겨서 장례를 치름.

○ **이토 히로부미가 한 일**

▶ 고종과 대한 제국 정부를 압박해 을사늑약(일본이 대한 제국의 외교권을 빼앗기 위해 강제로 체결한 조약)을 맺도록 앞장섬.

● 문장 성분의 호응 알기

1 ㉠을 문장 성분의 호응에 맞게 '보내다'를 활용하여 고쳐 쓰시오.

(   )

문해력 tip

안중근은 일본 영사관으
(주어)   (부사어)

로 ㉠ 보냈어
   (서술어)

　주어와 서술어의 호응을
생각해 봅니다.

● 문장 호응에 알맞은 예시 찾기

2 ㉡은 시간을 나타내는 말과 서술어가 호응이 된 문장입니다. 이 문장과 같은 예로 알맞은 것은 무엇입니까? ─────── (   )

① 경찰이 도둑을 잡았다.

② 내일 도서관에 갈 거야.

③ 할머니께서 맛있는 떡을 주신다.

④ 문제가 너무 어려워서 전혀 진도가 나가지 않는다.

⑤ 비록 아주 작은 것일지라도 부모님과 의논해야 한다.

문해력 tip　시간을 나타내는 말과
서술어의 호응

　문장에서 어떤 일이 언제
일어난 일인지 알려 주는
말이 쓰였을 때 그에 어울
리는 서술어를 써서 호응이
되게 합니다.

4
일

1
주

● 꾸며 주는 말과 서술어의 호응

3 [㉢]에 들어갈 말로 알맞은 것은 어느 것입니까? ───────── (   )

① 별로   ② 마치   ③ 도저히

④ 결코   ⑤ 모름지기

● 연결되는 말과 서술어의 호응

4 다음 문장의 밑줄 그은 부분에 대하여 알맞게 말하지 <u>못한</u> 것의 번호를 쓰시오.

> 　안중근 의사의 유해가 우리나라로 돌아오지 못하는 <u>문제와 해결 방법을 마련한다.</u>

> ① '문제와'나 '해결 방법을'이 '마련한다'와 호응하는지 살펴본다.
> ② '문제를 마련한다'와 '해결 방법을 마련한다'가 모두 자연스러운 표현인지 생각해 보아야 한다.
> ③ '문제를 마련한다.'는 자연스러운 표현이다.

(   )

연결되는 말을 나누어
서술어와 호응하는지
살펴보세요.

● 글의 내용 추론하기

5 ㉮ 에 들어갈 문장으로 알맞은 것에 ○표 하시오.

(1) 총알을 다 써야 했기 때문이야. ( )

(2) 일본인 중에 부모님의 원수가 있었기 때문이야. ( )

(3) 안중근은 이토 히로부미의 얼굴을 정확히 몰라서 확실하게 이토 히로부미를 암살하고 싶었기 때문이야. ( )

6 안중근이 이토 히로부미가 지은 죄라고 말하지 <u>않은</u> 것은 무엇입니까? ( )

① 명성 황후를 죽였다.

② 고종 황제를 물러나게 하였다.

③ 죄 없는 한국인을 무수히 죽였다.

④ 대한 제국의 국권을 빼앗는 일에 서양을 끌어들였다.

⑤ 한국인이 일본인의 보호를 받고자 한다고 세계에 거짓말을 퍼뜨렸다.

● 핵심 정보 파악하기

7 ㉯에서 알 수 있는 안중근의 생각입니다. 빈칸에 알맞은 말을 26쪽 글에서 찾아 써넣으시오.

> 대한 제국은 자주적인 나라이고, 대한 제국의 독립을 위한 전쟁 중에 적의 나라 일본의 장군인 이토 히로부미를 죽인 것이다. 그러니까 나는 살인범이 아니라 ( ) 이다.

8 ㉰와 같은 안중근 어머니의 말에 대한 생각이나 느낌을 알맞게 말하지 <u>못한</u> 사람의 이름을 쓰시오.

> 이서: 이토 히로부미를 처단한 것이 옳은 일이라고 생각했어.
> 소민: 항소를 해서 정정당당하게 재판을 다시 받아야 한다고 생각했어.
> 정우: 아들이 조국 독립을 위해 싸우다가 죽는 것이 자신에 대한 효도라고 생각했어.

( )

▶ 정답 5쪽

안중근 의사는 어떻게 독립운동을 했을까요?

≫ 안중근 의사의 독립운동에 대한 글을 읽었습니다. 빈칸에 들어갈 말을 [보기]에서 찾아 써넣으며 글 내용을 정리해 봅시다.

┌─ 보기 ─────────────────────────────────────┐
태극기   순국   항소   전쟁 포로
열다섯   독립 전쟁   도요토미 히데요시   이토 히로부미
└──┘

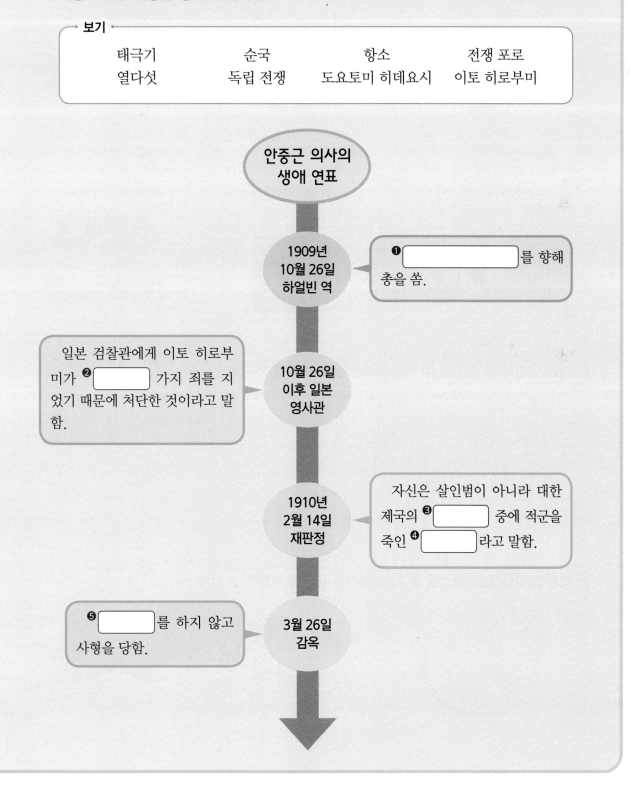

안중근 의사의
생애 연표

1909년
10월 26일
하얼빈 역

❶ [   ]를 향해
총을 쏨.

일본 검찰관에게 이토 히로부미가 ❷ [   ] 가지 죄를 지었기 때문에 처단한 것이라고 말함.

10월 26일
이후 일본
영사관

1910년
2월 14일
재판정

자신은 살인범이 아니라 대한 제국의 ❸ [   ] 중에 적군을 죽인 ❹ [   ]라고 말함.

❺ [   ]를 하지 않고 사형을 당함.

3월 26일
감옥

물건을 셀 때 사용하는 낱말

▶ 정답 5쪽

● '총알 세 발'에서 '발(총알, 포탄, 화살 등을 세는 단위)'과 같이 물건을 셀 때 사용하는 낱말이 있어요. 그런데 대상에 따라서 사용하는 낱말이 달라져요. 일상생활에서 많이 쓰는 물건을 셀 때 사용하는 낱말을 알아보아요.

모
자른 두부를 하나씩 세는 단위

켤레
양말이나 버선 등 짝이 되는 두 개를 한 벌로 세는 단위

단
시금치나 파 같은 채소를 묶어서 세는 단위

포기
배추를 하나씩 세는 단위

점
그림이나 옷 등을 세는 단위

채
집을 세는 단위

1 다음 빈칸에 물건을 셀 때 사용하는 낱말을 알맞게 쓰시오.

(1) 배추 서른 (   )로 김장을 하였다.

(2) 교실에 그림 한 (   )이 걸려 있다.

(3) 크리스마스트리에 양말 한 (   )를 걸어 두었다.

2 다음 그림을 보고 물건을 셀 때 사용하는 낱말을 알맞게 쓰시오.

(1)

• 두부 두 (   )

(2)

• 집 한 (   )

(3)

• 파 한 (   )

사회

우리나라의 바다, 넘어오지 마!

QR을 찍어 동영상을 보고
대한 해협에 대해 알아봅시다.

5 일

1 주

대한_해협 | # 영해 | # 일본 | # 공동으로_씀

▶ 동영상을 보고 알맞은 것에 ✔ 하세요.

▶ 정답 6쪽

1 우리나라와 일본 규슈 사이에 있는 해협을 무엇이라고 하나요?

㉠ 대한 해협 ☐
㉡ 명량 해협 ☐

2 영해의 범위는 어디까지인가요?

㉠ 기선으로부터 12해리 ☐
㉡ 기선으로부터 200해리 ☐

3 대한 해협의 경우 영해의 범위를 기선으로부터 어느 정도까지 인정하나요?

㉠ 3해리 ☐
㉡ 12해리 ☐

4 대한 해협에 대한 설명으로 알맞은 것은 무엇인가요?

㉠ 한국과 일본의 공동 수역입니다. ☐
㉡ 한국과 일본의 배가 아니면 대한 해협을 지나갈 수 없습니다. ☐

사회 ○ 우리나라의 바다, 넘어오지 마!

키워드 🔍		쉬움	보통	어려움
• 영해	제재			
• 배타적 경제 수역	어휘			
	문장			

영해는 바다와 맞닿아 있는 나라가 바다에 대해 주권을 행사할 수 있는 범위를 말해요. 보통 **기선**으로부터 바깥쪽 12**해리**까지가 영해이지요. ㉠영해는 영토, 영공과 더불어 국가의 영역을 구성하는 바다입니다.

세계 여러 나라는 영해를 정하는 것 외에도 바다에서의 권리를 좀 더 많이 가져서 해양 자원을 개발하기 위해 배타적 경제 **수역**(EEZ)을 설정하였어요. 배타적 경제 수역의 범위는 영해를 정하는 기선에서 200해리에 이르는 수역 중에서 영해를 제외한 수역을 말해요. 이 수역에서는 수산 자원이나 **광물 자원**과 같은 자원의 탐사, 개발에 대해 권리를 가질 수 있어요.

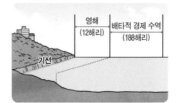

우리나라와 중국, 우리나라와 일본 사이의 거리는 400해리가 되지 않아 우리나라가 주장하는 배타적 경제 수역과 중국, 일본이 주장하는 배타적 경제 수역이 겹쳐요. 따라서 우리나라는 중국이나 일본과 겹치는 수역에 대하여 일정한 범위의 중간 수역을 두기로 협의하였어요. 한중 어업 협정을 통해 중간 수역에서는 한국과 중국이 자유롭게 물고기를 잡기로 협의했어요. 그런데 중국의 불법 고깃배가 중간 수역이 아닌 우리나라의 배타적 경제 수역을 함부로 넘어오는 일이 자주 발생해요. 중국 고깃배의 불법적인 활동은 절대로 [㉡   ].

㉢일본이 독도를 자기네 땅이라고 우기는 까닭은 배타적 경제 수역이에요. 독도를 차지하게 되어 독도가 기선이 된다면 일본의 배타적 경제 수역이 넓어지는 것이거든요. 독도 주변은 물고기의 수나 종류도 많아서 자원적으로나 경제적으로 가치가 높아요. 또한 독도는 동해의 바닷길이 있는 곳이기도 해요. 화산섬인 독도는 화산 활동을 연구할 때에도 가치가 높아요. 그리고 독도 근처의 바다에는 가스 하이드레이트(천연가스가 온도가 낮고 압력이 높은 곳에서 얼음처럼 된 깨끗한 에너지)가 매장되어 있다고 추정돼요. 일본이 독도를 차지하게 되면 100조 원이 넘는 가치의 가스 하이드레이트를 차지하게 되는 것이지요. 그러므로 우리는 ㉣독도에 대한 지속적인 관심과 독도를 지키기 위한 노력을 해야 해요.

📖 어휘 풀이

- 기선: 영해를 설정하는 기준선.
- **해리**: 바다 위나 공중에서 긴 거리를 나타낼 때 쓰는 거리의 단위. 1해리는 1,852미터에 해당하나 나라마다 약간의 차이를 보임.
- **수역**: 수면의 일정한 구역.
- **광물 자원**: 땅속에 묻혀 있는 것을 캐서 원료나 재료로 쓰는 것.

○ 우리나라의 기선을 정하는 기준
▶ 썰물 때의 해안선을 기준으로 하거나 가장 바깥에 있는 섬들을 이은 선을 기준으로 함.

● 문장 호응이 잘못된 까닭 파악하기

1 ㉠ 문장이 어색한 까닭으로 알맞은 것에 ○표 하시오.

(1) 국가의 영역은 과거에 구성된 것이기 때문에 현재를 표현하는 서술어는 알맞지 않다. ( )

(2) 문장에 부정을 뜻하는 서술어와 함께 쓰이는 말이 있는데 이에 알맞은 서술어가 나오지 않았다. ( )

(3) 국가의 영역은 영해, 영토, 영공을 모두 포함하므로 그 뒤에 '바다입니다'를 쓰는 것이 알맞지 않다. ( )

문장의 호응 관계가 알맞지 않으면 어색한 문장이 되거나, 말하는 이나 글쓴이의 의도가 잘못 전달될 수 있습니다.

● 꾸며 주는 말과 서술어의 호응

2 ㉡ 에 들어갈 알맞은 말은 무엇입니까? ·········· ( )

① 허용되었어요   ② 허용해도 돼요

③ 허용될 것이에요   ④ 허용해서는 안 돼요

⑤ 허용되더라도 어쩔 수 없어요

문해력 tip 꾸며 주는 말과 서술어의 호응

꾸며 주는 말과 서술어가 잘 어울려야 합니다.
꾸며 주는 말 '절대로' 다음에는 어떤 서술어가 올지 생각해 봅니다.

● 주어와 서술어의 호응

3 주어와 서술어의 호응 관계에 알맞게 ㉢ 문장을 바꾸어 쓰시오.

( )

● 연결되는 말과 서술어의 호응

4 ㉣ 문장을 알맞게 고쳐 쓴 것의 번호를 쓰시오.

① 독도에 대한 지속적인 관심과 독도를 지키기 위한 노력을 가져요.
② 독도에 대한 지속적인 관심과 독도를 지키기 위한 노력을 할 거예요.
③ 독도에 대한 지속적인 관심을 가지고 독도를 지키기 위한 노력을 해야 해요.

( )

○ **글의 내용 파악하기**

5 영해에 대한 설명으로 알맞지 <u>않은</u> 것은 어느 것입니까?································ (   )

① 영해를 정할 때는 기준이 되는 선이 있다.

② 다른 나라의 배가 마음대로 통행할 수 있다.

③ 영토, 영공과 더불어 국가의 영역을 구성한다.

④ 보통 기선으로부터 바깥쪽 12해리까지가 영해이다.

⑤ 바다와 맞닿아 있는 나라가 바다에 대해 주권을 행사할 수 있는 범위이다.

6 다음에서 설명하는 것은 무엇인지 쓰시오.

> • 영해를 정하는 기선에서 200해리에 이르는 수역 중에서 영해를 제외한 수역
> • 수산 자원이나 해양 자원과 같은 자원을 탐사하고 개발할 수 있음.

(   )

7 독도의 가치로 알맞지 <u>않은</u> 것은 어느 것입니까?································ (   )

① 독도가 태풍을 막는 역할을 한다.

② 독도가 화산 활동의 연구 자료가 된다.

③ 독도 주변 바다에 동해의 바닷길이 있다.

④ 독도 주변 바다에 물고기의 종류나 수가 많다.

⑤ 독도 주변 바다에 가스 하이드레이트가 매장되어 있다.

○ **글을 읽고 생각 말하기**

8 다음 신문 기사의 일부 내용을 보고 알맞게 말한 사람의 이름을 쓰시오.

> 　최근 우리 해경이 배타적 경제 수역을 침범해 물고기를 싹쓸이한 중국 고깃배 수십 척을 붙잡았습니다. 불법적인 활동을 한 중국 고깃배의 선장에 대해서는 수억 원의 벌금형이 내려질 전망입니다.

> 건우: 우리나라 어민들도 중국의 배타적 경제 수역을 침범하면 돼.
> 이준: 배타적 경제 수역 침범을 막기 위해서는 우리나라 경찰만 노력해야 해.
> 소율: 중국 고깃배의 불법적인 활동은 우리 어민들의 권리를 빼앗는 일이므로 엄하게 다스려야 해.

(   )

영해와 배타적 경제 수역은 무엇일까요?

≫ 영해와 배타적 경제 수역에 대한 글을 읽었습니다. 빈칸에 들어갈 말을 [보기]에서 찾아 써넣으며 글 내용을 정리해 봅시다.

┌ 보기 ┐

독도	자원	일본	주권
의무	경제적	영해	생태계

자기 나라의 바다

영해
- 바다와 맞닿아 있는 나라가 바다에 대해 ❶ [ ]을 행사할 수 있는 범위
- 보통 기선으로부터 바깥쪽 12해리까지임.

배타적 경제 수역
- 영해를 정하는 기선에서 200해리에 이르는 수역 중에서 ❷ [ ]를 제외한 수역
- 수산 자원이나 광물 자원과 같은 자원의 탐사, 개발에 대해 권리를 가질 수 있음.

배타적 경제 수역을 지키기 위한 노력
- 중국의 불법 고깃배가 배타적 경제 수역을 침범하여 활동하는 것을 막아야 함.
- ❸ [ ]이 ❹ [ ]를 자기네 땅이라고 우겨서 독도 주변 바다의 배타적 경제 수역에 대한 권리를 가지려는 것을 막아야 함.

어휘의힘

동사를 명사로 바꾸는 말

▶ 정답 6쪽

● 동사 '먹다'에서 활용을 할 때 형태가 바뀌지 않는 부분인 '먹'에 '-이'를 붙이면 '먹이'가 되어 명사로 바뀌어요. 이렇게 동사를 명사로 바꾸는 말을 알아보아요.

-(으)ㅁ

자다 → 잠

-이

놀다 → 놀이

-기

읽다 → 읽기

-개

지우다 → 지우개

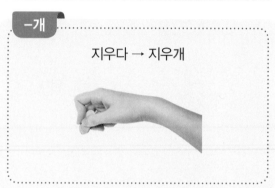

1 다음 동사를 명사로 알맞게 바꾼 것에 ○표 하시오.

(1)

말하다 ➡ (　　말함 / 말하기　　)

(2)

덮다 ➡ (　　덮이 / 덮개　　)

2 요리하는 방법과 관련된 음식 이름으로 알맞지 <u>않은</u> 것을 찾아 기호를 쓰시오.

| ㉠ 새우 튀김 | ㉡ 멸치 볶음 | ㉢ 생선 구움 | ㉣ 콩나물 무침 |

(　　　　　)

2주

주요 내용을 요약하며 읽기

문해력이 뛰어난 사람은 어떻게 읽을까?

문해력이 뛰어난 사람은 글을 효율적으로 읽어요. 글의 구조를 파악하고 각 단락에서 중요한 내용을 머릿속에 요약해 가며 읽기 때문에 읽는 동안 글의 흐름이 끊기지 않아요. 또 그 내용도 더 오랫동안 기억할 수 있지요. 필요 없는 부분은 제외하고 중요한 정보를 중심으로 머릿속에 요약하며 읽는 방법에 대해 공부해 보아요.

2주에 공부할 내용

문해력 ○ 주요 내용을 요약하며 읽기

- 글을 다 읽어도 중요한 내용을 알지 못한다.
- 어떤 글을 읽었는지 요약해서 말하기 어려워한다.
- 글을 읽으면서 앞 내용을 잊어버려 자꾸 다시 읽는다.

중요한 내용이 많았던 것 같은데 뭐였더라?

1일 2주

● 문장 요약하기

글 내용을 잘 기억하기 위해서는 중요한 부분만 골라 간단하게 요약할 필요가 있어요. 다음 문장을 간단하게 요약해 볼까요?

> 회는 열로 익히지 않고 날것 그대로 먹는다는 점에서 요리가 아니라고 할 수도 있겠지만, 회 또한 그 맛과 멋과 식감을 살리기 위해 전문가가 숙성을 하거나 얇게 썰어 내는 과정을 거치므로 요리라고 할 수 있다.

■ **주요 내용 정리하기**
① 회는 날것 그대로 먹는다.
② 요리가 아니라고 할 수도 있다.
③ 회도 숙성을 하거나 얇게 썰어 낸다.
④ 요리라고 할 수 있다.

1) 중요한 부분만 남기고 삭제하기

→ 글쓴이의 의견이 아니므로 중요하지 않은 부분

> 회는 열로 익히지 않고 날것 그대로 먹는다는 점에서 요리가 아니라고 할 수도 있겠지만, 회 또한 그 맛과 멋과 식감을 살리기 위해 전문가가 숙성을 하거나 얇게 썰어 내는 과정을 거치므로 요리라고 할 수 있다.

■ **필요없는 부분 삭제하기**

㉠: 다른 의견도 있다.
㉡: 글쓴이의 진짜 의견
⇩
㉡을 남기고 ㉠은 삭제!

2) 더 중요한 부분을 선택하기

→ 글쓴이의 의견에 대한 까닭, 근거이므로 덜 중요한 부분

> 회 또한 그 맛과 멋과 식감을 살리기 위해 전문가가 숙성을 하거나 얇게 썰어 내는 과정을 거치므로 요리라고 할 수 있다.

■ **더 중요한 부분 선택하기**

의견 … 요리라고 할 수 있다.

→ 회도 요리라고 할 수 있다.

3) 기억하기 쉽게 다시 짜기

즉 글쓴이는 회도 하나의 요리라는 점을 말하고 있어요. 이와 같이 **문장에서 중요한 부분을 요약하며 읽으면** 아무리 긴 문장이라도 전하고자 하는 **의미가 머릿속에 분명히 남게 돼요.**

중요한 부분만
회 또한 요리이다

● 문단 요약하기

문단도 문장과 마찬가지 방법으로 요약할 수 있어요. 덜 중요한 부분은 삭제하고, 중요한 부분만 남겨 재구성하는 과정을 거쳐요.

> ㈎ 요리를 하면 음식이 더 맛있어진다. 고기를 불에 구우면 표면이 갈색으로 변하면서 특유의 향이 나고 감칠맛이 더해진다. 마늘, 고춧가루, 된장 같은 재료를 더해 그 맛을 더 풍부하게 할 수도 있다.
>
> ㈏ 또 요리를 하면 먹을 수 있는 식재료가 다양해진다. 생으로는 먹기 힘든 고사리, 쑥과 같은 산나물도 물에 삶거나 쪄서 익히면 소화하기도 쉽고 맛도 좋은 훌륭한 음식이 된다.

■ **주요 내용 정리하기**
㈎ 요리를 하면 음식이 더 맛있어진다.
㈏ 요리를 하면 식재료가 다양해진다.

1) 중요한 부분만 남기고 삭제하기

문단에서 중요한 문장은 중심 문장이에요. ㈎ 문단의 문장에 이름표를 달며 중요한 내용을 찾아볼까요?

	이름표
㉠ 요리를 하면 음식이 더 맛있어진다.	→ 요리의 장점
㉡ 고기를 불에 구우면 표면이 갈색으로 변하면서 특유의 향이 나고 감칠맛이 더해진다.	→ 보충 설명 ①
㉢ 마늘, 고춧가루, 된장 같은 재료를 더해 그 맛을 더 풍부하게 할 수도 있다.	→ 보충 설명 ②

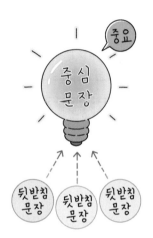

즉 ㉠이 글쓴이가 전하고자 하는 중요한 생각이고 ㉡과 ㉢은 그 생각의 근거를 들면서 내용을 보충하고 있어요. 즉 이 세 개의 문장에서 가장 중요한 부분은 ㉠이지요.

㈏ 문단도 첫 번째 문장이 요리를 하면 좋은 점에 대해 말하고 있고 두 번째 문장은 그에 대한 보충 설명이므로 첫 번째 문장이 가장 중요한 부분이에요.

	이름표
또 요리를 하면 먹을 수 있는 식재료가 다양해진다.	→ 요리의 장점

2) 더 중요한 부분을 선택하기

즉, 두 문단에서 더 중요한 부분을 선택하면 다음과 같아요.

요리를 하면 ─┬─ 음식이 더 맛있어진다.

└─ 먹을 수 있는 식재료가 다양해진다.

3) 기억하기 쉽게 다시 짜기

두 개의 중심 생각을 한 문장으로 이어 보세요.
요리를 하면 어떤 좋은 점이 있는지 설명하는 부분이니까 다음과 같이 정리할 수 있어요.

요리를 하면 음식이 더 맛있어지고 먹을 수 있는 식재료도 다양해진다.

이렇게 전하고자 하는 주요 내용을 간단히 요약하면 글의 전체 내용을 이어서 기억하는 데 도움이 돼요. 글을 읽으면서 아래와 같은 방법으로 중요한 내용을 요약하는 습관을 들이세요.

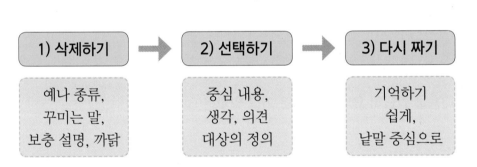

1) 삭제하기	2) 선택하기	3) 다시 짜기
예나 종류, 꾸미는 말, 보충 설명, 까닭	중심 내용, 생각, 의견 대상의 정의	기억하기 쉽게, 낱말 중심으로

중요하지 않은 부분은 삭제하고

▼

중심문장 의견, 정의
더 중요한 부분을 선택해서

▼

간단하지?
알기 쉽게 정리

요약하며 읽기

문해력 솔루션! ✚ | 주요 내용을 요약하고 기억하며 읽기

▸ 덜 중요한 부분(예, 종류, 까닭)은 삭제하고
▸ 더 중요한 내용(생각, 정의, 중심 내용)을 선택하고
▸ 기억하기 쉽게 간단히 요약하며 읽자!

● **다음 글을 읽고 물음에 답하시오.**

> ㉠큐알 코드는 몇 개의 막대가 줄지어 있는 바코드와 같이 특정한 정보를 담고 있는 사각형의 무늬이다. ㉡바코드를 인식하려면 광학 스캐너가 필요하듯이 큐알 코드를 활용하기 위해서는 이미지를 인식할 수 있는 스마트폰이 필요하다.
>
> 바코드는 숫자 20개를 저장할 수 있지만 큐알 코드는 숫자 7089개, 한글 1700자 정도를 저장한다. 이렇게 바코드보다 훨씬 많은 정보를 담을 수 있는 큐알 코드는 스마트폰의 응용 프로그램을 통해 다양한 서비스를 제공할 수 있다.

● **인식** 무언가를 구별하고 판단하여 알게 되는 것.
예 이 스마트폰은 지문을 인식할 수 있다.

● **응용 프로그램** 어떤 특정한 업무나 활동을 수행할 수 있도록 개발된 프로그램.

1 ㉠ 문장을 요약할 때 필요하다고 생각되는 부분은 ○, 삭제해도 된다고 생각하는 부분은 ×표 하시오.

> 큐알 코드는 몇 개의 막대가 줄지어 있는 바코드와 같이
> (   )   (   )   (   )   (   )
>
> 특정한 정보를 담고 있는 사각형 무늬이다.
> (   )   (   )

2 ㉡ 문장의 중요한 내용을 간단히 요약한 것으로 가장 알맞은 것에 ○표 하시오.

(1) 바코드를 인식하려면 광학 스캐너가 필요하다. (   )

(2) 큐알 코드를 활용하려면 스마트폰이 필요하다. (   )

(3) 큐알 코드를 활용하기 위해서는 이미지를 인식해야 한다. (   )

■ **내용의 중요도**

> 바코드를 인식하려면 광학 스캐너가 필요하듯이

→ 비교나 예를 든 부분으로 중요하지 않음.

> 큐알 코드를 활용하기 위해서는 ~ 스마트폰이 필요하다.

→ 큐알 코드의 활용 방법이므로 중요함.

3 중요한 부분을 선택하고 재구성하여 윗글의 내용을 요약해 보시오.

> 큐알 코드는 특정한 정보를 담고 있는 사각형 무늬이다. 큐알 코드를 활용하려면 스마트폰이 필요하다. 바코드보다 많은 정보를 담을 수 있는 큐알 코드는 _____
>
> _____

큐알 코드가 무엇을 할 수 있는지 간단히 간추려 보세요!

사회

나와 다른 문화를 만나는 방법

배경지식의힘

QR을 찍어 동영상을 보고
문화 차이에 대해 알아봅시다.

문화 | # 문화_차이 | # 남한 | # 북한 | # 언어 | # 분단

동영상을 보고 알맞은 것에 ✔ 하세요.

▶ 정답 8쪽

1 대한민국은 언제 남과 북으로 분단되었나요?

㉠ 약 10년 전에 분단되었습니다. ☐
㉡ 약 70년 전에 분단되었습니다. ☐

2 남한과 북한 중에서, 개인의 자유와 이익을
중요시하는 곳은 어디인가요?

㉠ 남한입니다. ☐
㉡ 북한입니다. ☐

3 남한과 북한 중에서, 집단 등교를 하고, 집단
농장을 만들어 생활하는 곳은 어디인가요?

㉠ 남한입니다. ☐
㉡ 북한입니다. ☐

4 북한의 언어 정책은 무엇인가요?

㉠ 남한과 같은 표준어를 씁니다. ☐
㉡ 평양을 중심으로 정해진 문화어를 사용합니다. ☐

사회 ○ 나와 다른 문화를 만나는 방법

　혹시 **단일** 민족이라는 말을 들어 보았나요? 단일 민족은 한 나라의 국민이 한 민족으로만 구성된 것을 뜻해요. 즉, **이민족**이 거의 살지 않거나, 이민족의 수가 국가의 구성에 거의 영향을 미치지 않을 정도로 매우 적다는 뜻이죠. 우리나라는 오랫동안 단일 민족으로 살아왔어요. 하지만 이제 우리나라가 단일 민족이라는 말은 옛말이 되었죠. 국제결혼의 수가 증가했고, 외국에서 우리나라로 온 이주 노동자들의 수도 크게 증가했어요. ㉮ 뿐만 아니라 **다문화** 가정이 빠르게 늘어나고 있다는 점에서도 우리 사회의 구성원은 활발하게 변하고 있다고 볼 수 있어요.

　또한 우리 역시 외국에 나갈 기회가 많아졌는데요. 외국으로 여행을 가는 경우뿐만 아니라 아예 이민을 가는 사람도 많아요. 일본에 있는 회사에 취직을 하고, 미국의 대학으로 공부를 하러 떠나기도 하죠. 이렇게 다른 문화를 만날 기회가 늘면서 낯선 문화에 대한 이해력이 무척이나 중요해졌어요. 자기만의 사고 방식을 **고집하거나**, 자국의 문화만을 절대적인 기준이라고 여기고 다른 문화를 **너그럽게** 받아들이지 못하는 사람은 온 세계가 **교류**하는 세상에 적응하기 힘들게 되었죠.

　우리에게 필요한 것은 바로 문화 상대주의예요. 문화 상대주의란 세계 문화의 다양성을 인정하고 이해하려는 태도를 말하는데요. 문화 상대주의적 태도를 갖추면 서로의 차이를 인정하게 되고, 문화 차이에서 오는 갈등도 방지할 수 있답니다.

㉯ 　그렇다면 문화 상대주의적 태도는 어떻게 기를 수 있을까요? 우선 다른 문화를 다양하게 경험하는 것이 중요해요. 여행뿐만 아니라 우리나라에 있는 외국인과 교류해 보고, 나와 다른 삶의 태도를 가진 사람들과 깊게 대화를 나누어 보는 거죠. 나와 생각이 다른 친구들을 사귀어 보면, 내가 얼마나 ［ ㉠ ］ 있었는지를 새삼 확인할 수 있을 거예요. 이런 경험이 쌓여 우리는 타인의 문화를 **편견** 없이 바라볼 수 있게 될 거예요.

📖 어휘 풀이

· **단일**: 단 하나로 되어 있음.
· **이민족**: 언어, 풍습 등이 다른 민족.
○ **다문화**: 한 사회 안에 여러 민족이나 여러 국가의 문화가 섞여 있는 것.
· **고집하거나**: 자기의 의견을 바꾸거나 고치지 않거나.
· **너그럽게**: 마음이 넓고 아량이 있게.
· **교류**: 문화나 생각 등이 서로 통함.
· **편견**: 공정하지 못하고 한쪽으로 치우친 생각.

○ 다문화 사회

▶ <u>다문화</u> 사회에서는 문화의 다양성과 상대성을 인정하는 열린 자세가 필요하다.

1 ㉮ 문장의 중요한 내용을 간단히 요약한 것으로 가장 알맞은 것에 ○ 표 하시오.

(1) 다문화 가정이 빠르게 늘어나고 있다. ( )

(2) 다문화 가정이 활발하게 변하고 있다. ( )

(3) 우리 사회 구성원은 활발하게 변하고 있다. ( )

> **문해력 tip** 문장 요약하기
>
> 문장에서 중요한 부분을 요약하며 읽으면 아무리 긴 문장이라도 전하고자 하는 의미가 머릿속에 분명히 남게 됩니다.

2 다음 문단의 중심 문장은 무엇입니까?·················· ( )

> 또한 우리 역시 외국에 나갈 기회가 많아졌는데요. 외국으로 여행을 가는 경우 뿐만 아니라 아예 이민을 가는 사람도 많아요. 일본에 있는 회사에 취직을 하고, 미국의 대학으로 공부를 하러 떠나기도 하죠. 이렇게 다른 문화를 만날 기회가 늘면서 낯선 문화에 대한 이해력이 무척이나 중요해졌어요.

① 외국으로 이민을 가는 사람이 많아졌다.

② 우리 역시 외국에 나갈 기회가 매우 많아졌다.

③ 사람들은 미국의 대학으로 공부를 하러 떠나기도 한다.

④ 외국에서 우리나라로 온 이주 노동자들의 수가 크게 증가했다.

⑤ 다른 문화를 만날 기회가 늘면서 낯선 문화에 대한 이해력이 매우 중요해졌다.

> 문단에서 가장 중요한 문장을 중심 문장이라고 하지.

3 다음 중 ㉯의 내용을 간단히 요약한 문장은 무엇입니까?········ ( )

① 외국인 친구를 많이 사귀는 것이 좋다.

② 나의 문화를 새롭게 바라보는 연습이 필요하다.

③ 편견 없이 서로의 차이를 존중하는 마음을 키워야 한다.

④ 나와 다른 삶의 태도를 가진 사람들과 깊게 대화를 나누어야 한다.

⑤ 문화 상대주의적 태도를 기르기 위해서는 다른 문화를 다양하게 경험하는 것이 중요하다.

> **문해력 tip** 문단 요약하기
>
> ① 덜 중요한 부분은 삭제하기
> ② 더 중요한 내용을 선택하기
> ③ 기억하기 쉽게 간단히 요약하기

● 낱말의 뜻 파악하기

4 다음과 같은 뜻을 가진 낱말은 무엇입니까? ··· (   )

> 공정하지 못하고 한쪽으로 치우친 생각.

① 단일   ② 이민   ③ 편견
④ 교류   ⑤ 다문화

5 ⓐ에 들어갈 표현으로 알맞은 것은 무엇입니까? ······································· (   )

① 눈을 감고   ② 손을 놓고
③ 색안경을 쓰고   ④ 눈에 불을 켜고
⑤ 손발이 맞았는지

● 핵심 정보 파악

6 문화 상대주의적 태도가 필요한 이유는 무엇입니까? ····························· (   )

① 외국 기업에 취직하기 위해서
② 외국어 실력을 기르기 위해서
③ 우리 문화보다 외국 문화가 더 좋기 때문에
④ 다른 나라의 문화를 더 많이 체험하기 위해서
⑤ 문화의 다양성과 서로의 차이를 인정하고 존중할 수 있기 때문에

7 문화 상대주의적 태도를 갖춘 친구의 이름을 쓰시오.

> 채은: 맨손으로 밥을 먹는 문화도 있대. 맨손으로 밥을 먹는다니, 정말 지저분해.
> 재민: 나는 맨손보다 젓가락을 사용하여 식사를 하는 문화가 더 우월한 문화인 것 같아.
> 정화: 젓가락보다 포크가 더 사용하기 편해. 젓가락을 사용하는 우리나라 문화는 틀렸어.
> 지오: 나라마다 먹는 음식, 식사 도구, 먹는 방법이 다른 것은 당연해. 서로의 차이를 인
>   정하고 다른 나라의 문화도 존중해야 할 것 같아.

(   )

문화 상대주의에 대해 알아볼까요?

>> 문화 상대주의에 대해 설명한 글을 읽었습니다. 빈칸에 들어갈 말을 [보기]에서 찾아 써넣으며 글 내용을 정리해 봅시다.

보기

교류	이해	태도	차이
갈등	편견	단일	다문화 가정

2 일

2 주

배경 ····○ 국제결혼의 수, 이주 노동자들의 수, ❶ [   ]의 수 등이 증가하며 다문화 사회에 들어가게 됨.

뜻 ····○ 세계 문화의 다양성을 인정하고 ❷ [   ]하려는 태도

문화 상대주의

필요성 ····○
• 서로의 ❸ [   ]를 인정할 수 있음.
• 문화 차이에서 오는 갈등이 방지됨.
• 타인의 문화를 ❹ [   ] 없이 바라볼 수 있게 됨.

태도 ····○ 여행, 문화 ❺ [   ] 등을 통해 다른 문화를 경험하며 문화 상대주의적 태도를 기를 수 있음.

'차이'와 '차별'

▶ 정답 8쪽

● '차이'와 '차별'은 어떤 점이 다를까요? '차이'와 '차별'의 올바른 쓰임을 알아봅시다.

차이

서로 같지 않고 다름. 또는 그런 정도나 상태.

- 피부색이 다른 것은 단지 차이일 뿐이다.
- 그들은 문화적 차이를 극복하고 결혼에 성공했다.

▲ 음식 문화에 따른 차이

차별

둘 이상의 대상을 각각 등급이나 수준 차이를 두어서 구별함.

- 피부색이 다르다고 차별해서는 안 된다.
- 옛날에는 백정을 천한 신분으로 여겨 차별하였다.

▲ 인종적 편견에 따른 차별

1 다음 빈칸에 들어갈 알맞은 말은 무엇입니까? ⋯⋯⋯⋯⋯⋯⋯⋯⋯⋯⋯⋯⋯⋯⋯⋯⋯ (   )

> 성별의 차이 때문에 사람을 [   ]해서는 안 된다.

① 태도   ② 차이   ③ 차별   ④ 신분   ⑤ 수준

2 '차이'와 '차별'의 뜻을 알맞게 활용하지 <u>못한</u> 친구의 이름을 쓰시오.

> 지우: 나의 생각과 동생의 생각은 차이가 크다.
> 은영: 다문화 사회에서는 문화의 다양성을 이해하고 차이하지 않는 자세가 필요해.
> 미진: 우리 사회의 대표적인 차별에는 장애인 차별, 외국인 차별, 남녀 차별 등이 있어.
> 재은: 차별은 차이를 존중하지 않고, 아무 이유 없이 상대에게 불이익을 주는 것을 말해.

(   )

과학

개와 고양이가 보는 세상

배경지식의 힘

QR을 찍어 동영상을 보고
눈의 구조에 대해 알아봅시다.

3
일

2
주

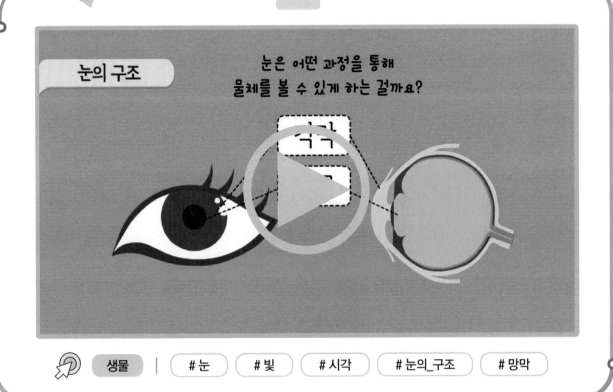

눈의 구조

눈은 어떤 과정을 통해
물체를 볼 수 있게 하는 걸까요?

생물 | #눈 #빛 #시각 #눈의_구조 #망막

▶ 동영상을 보고 알맞은 것에 ✔ 하세요.

▶ 정답 9쪽

1 눈동자를 덮고 있는 막은 무엇인가요?

㉠ 각막입니다. ☐
㉡ 동공입니다. ☐

2 눈의 구조에서 수정체의 역할은 무엇인가요?

㉠ 오목 렌즈 모양으로 빛을 흡수하는 역할을 합니다. ☐
㉡ 볼록 렌즈 모양으로 빛을 굴절시키는 역할을 합니다. ☐

3 눈의 구조에서 상이 맺히는 곳은 어디인가요?

㉠ 망막입니다. ☐
㉡ 섬모체입니다. ☐

4 망막에 맺힌 상은 시각 신경을 통해 어디로 전달되나요?

㉠ 뇌로 전달됩니다. ☐
㉡ 심장으로 전달됩니다. ☐

개와 고양이가 보는 세상

(가) 우리는 눈과 빛이 있기 때문에 세상의 사물을 보고, 사물의 색을 구분할 수 있어요. 동물은 사람과 눈의 **구조**가 다르기 때문에 시각도 다르다고 해요. 우리와 가장 가까운 동물인 개의 눈부터 살펴볼까요?

(나) 개의 세상은 흑백이라는 말을 들어 본 적이 있을 텐데요. 이는 사실이 아니랍니다. 과학자들의 연구에 따르면, 개들은 적색과 녹색을 구분하기 힘든 적록 **색맹**일 뿐, 완전히 색깔을 구분하지 못하는 것은 아니라고 해요. 개에게 빨간색 장난감과 초록색 장난감을 보여 주면 개의 눈에는 두 장난감 모두 똑같은 회색으로 보일 거예요. 개는 시력도 우리보다 좋지 않다고 해요. 눈의 **초점** 조절도 어렵다고 하고요.

(다) 그래도 슬퍼하지 마세요. 개들은 뛰어난 후각과 청각을 **소유하고** 있으니까요! 개는 사람보다 10만 배나 냄새를 잘 맡는다고 해요. 또 우리에 귀에 들리지 않는 소리까지도 개는 들을 수 있다고 하네요. 이렇게 다른 **감각**들이 발달한 덕분에 멀리 떨어져 있는 주인도 한 번에 잘 알아볼 수 있는 것이죠.

(라) 다음으로는 고양이의 눈에 대해 알아보아요. 고양이의 눈이 어둠 속에서 반짝반짝 빛나는 것을 본 적이 있죠? 고양이 눈이 어두울 때 빛나는 이유는, 눈의 망막 뒤에 있는 '휘판'이라고 하는 일종의 반사판 때문이라고 해요. 고양이는 이 덕분에 달빛과 같은 작은 빛도 크게 느낄 수 있어서 어둠 속에서도 아주 잘 볼 수가 있는 것이죠. 또한 눈에서 빛을 **감지**하는 기관을 간상체라고 하는데, 고양이는 사람보다 더 많은 간상체를 갖고 있다고 해요. 그래서 어두운 곳에서도 사람보다 빛을 더 잘 감지할 수 있다고 해요.

(마) 하지만 고양이 역시 사람만큼 색을 선명하게 볼 수는 없어요. 파란색과 노란색을 볼 수는 있지만, 빨간색과 초록색은 구분하기 어렵다고 해요. 그래도 걱정하지 마세요! 고양이는 ㉠<u>동체시력</u>이 발달해 있기 때문에 움직이는 물체에 대한 반응 속도는 사람보다 훨씬 빠르답니다.

📖 **어휘 풀이**

• **구조**: 부분이나 요소가 어떤 전체를 이룸.
• **색맹**: 빛깔을 구분하지 못하는 상태.
• **초점**: 대상을 가장 똑똑하게 볼 수 있도록 맞추는 점.
• **소유하고**: 무엇을 갖고.
○ **감각**: 눈, 코, 귀, 혀, 살갗을 통하여 받는 느낌.
• **감지**: 느끼어 앎.

○ 다섯 가지 감각, 오감

▶ 시각, 청각, 후각, 미각, 촉각의 다섯 가지 감각을 오감이라고 한다.

중심 문장 찾기

1 (가) 문단의 중심 문장은 무엇입니까? ············· (   )

① 우리와 가장 가까운 동물은 개다.

② 우리는 모든 사물의 색을 구분할 수 있다.

③ 고양이는 모든 사물의 색을 구분할 수 있다.

④ 우리는 눈과 빛이 있기 때문에 세상의 사물을 볼 수 있다.

⑤ 동물은 사람과 눈의 구조가 다르기 때문에 시각도 사람과 다르다.

문해력 tip 중심 문장 찾기

중심 문장은 문단을 대표하는 내용을 담은 문장이에요. 문단에서 가장 중요한 문장이 중심 문장입니다.

문단 요약하기

2 다음 중 (나)의 내용을 간단히 요약한 문장은 무엇입니까? ···· (   )

① 개는 색깔을 전혀 구분하지 못한다.

② 개와 사람의 시력은 비슷한 수준이다.

③ 개는 초록색 장난감을 선호하는 편이다.

④ 과학자들은 개에 대해 활발히 연구하고 있다.

⑤ 개는 적록 색맹이고 시력도 사람보다 좋지 않다.

문해력 tip 문단 요약하기

문단의 내용을 요약하면 글 전체 내용을 이어서 기억하는 데 도움이 돼요. 문단을 요약하는 습관을 들이는 것이 중요해요.

3 다음은 (다) 문단을 요약한 것입니다. 빈칸에 알맞은 낱말을 글에서 찾아 쓰시오.

> 개는 사람에 비해 좋지 않은 시력을 가졌지만, 사람보다 뛰어난 후각과 ☐☐ 을 소유하고 있다.

문단에서 덜 중요한 부분과 더 중요한 부분을 찾으면서 읽어 보세요.

4 고양이의 눈이 어두울 때 빛나는 이유를 알 수 있는 문단의 기호를 쓰시오.

(   ) 문단

핵심 낱말 파악

5 ㉠의 뜻으로 알맞은 것은 무엇입니까? ( )

① 귀로 소리를 듣는 능력.

② 움직이는 사물을 보는 시력.

③ 물속에서 사물을 보는 시력.

④ 어두운 곳에서 물건을 찾는 시력.

⑤ 멀리 떨어진 사물의 색깔을 구분하는 시력.

핵심 정보 파악

6 글의 내용으로 알맞지 <u>않은</u> 것은 무엇입니까? ( )

① 개는 뛰어난 후각을 소유하고 있다.

② 고양이는 어둠 속에서도 잘 볼 수 있다.

③ 간상체는 눈에서 빛을 감지하는 기관이다.

④ 개는 초록색과 빨간색을 정확하게 구분할 수 있다.

⑤ 고양이는 동체 시력이 발달해서 움직이는 물체에 대한 반응 속도가 사람보다 훨씬 빠르다.

7 다음 빈칸에 들어갈 단어는 무엇입니까? ( )

> 지원: 밤에 고양이를 마주칠 때마다 왜 고양이의 눈이 반짝거리는지 궁금했는데, 이 글을 읽고 그 이유를 알게 되었어.
>
> 규민: 고양이에게 [ ]이라고 하는 일종의 반사판이 있기 때문에 고양이의 눈이 빛난다니 정말 신기해.
>
> 해영: 맞아. 그 덕분에 고양이는 달빛처럼 아주 작은 빛도 크게 느낄 수 있다고 해.
>
> 소정: 이 글을 보면서 고양이의 눈에 대해 새롭게 알게 된 것 같아.

① 초점　　　　　② 망막　　　　　③ 휘판

④ 동체 시력　　　⑤ 적록 색맹

동물의 눈에 대한 내용을 정리해 볼까요?

≫ 동물의 눈에 대한 글을 읽었습니다. 빈칸에 들어갈 말을 [보기]에서 찾아 써넣으며 글 내용을 정리해 봅시다.

┌─ 보기 ───┐
│   초점   고양이   감각   청각   │
│   간상체   동체   시력   구조   │
└───┘

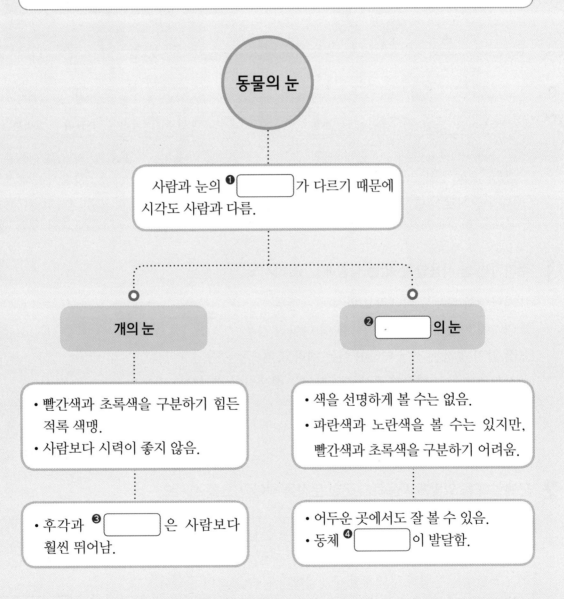

동물의 눈

사람과 눈의 ❶ [   ]가 다르기 때문에 시각도 사람과 다름.

개의 눈

• 빨간색과 초록색을 구분하기 힘든 적록 색맹.
• 사람보다 시력이 좋지 않음.

• 후각과 ❸ [   ]은 사람보다 훨씬 뛰어남.

❷ [   ]의 눈

• 색을 선명하게 볼 수는 없음.
• 파란색과 노란색을 볼 수는 있지만, 빨간색과 초록색을 구분하기 어려움.

• 어두운 곳에서도 잘 볼 수 있음.
• 동체 ❹ [   ]이 발달함.

동물과 관련된 사자성어

▶ 정답 9쪽

● 동물과 관련된 사자성어를 살펴보고 어떤 경우에 사용할 수 있을지 생각해 보세요.

군계일학

群 鷄 一 鶴

무리 군   닭 계   하나 일   학 학

닭의 무리 중에 있는 → 한 마리의 학

뜻 많은 사람 가운데 가장 뛰어난 사람을 이르는 말.

주마가편

走 馬 加 鞭

달릴 주   말 마   더할 가   채찍 편

달리는 → 말에 → 채찍질을 더하다.

뜻 열심히 하고 있는 사람에게 힘을 내어 더 잘 하라고 격려하고 권장함.

1 '주마가편'을 사용할 수 있는 상황에 ○표 하시오.

(1) 지난날의 잘못을 뉘우치고 반성하는 경우 ( )
(2) 위기에 처했지만 기적처럼 상황이 나아진 경우 ( )
(3) 잘 알지 못하는 것에 대하여 아는 체하고 떠드는 경우 ( )
(4) 시험을 앞두고 열심히 공부하는 학생을 선생님이 격려하는 경우 ( )

2 '군계일학'을 알맞게 사용하지 못한 문장을 찾아 기호를 쓰시오.

> ㉠ 무대에서 내 친구가 단연 군계일학으로 돋보였다.
> ㉡ 그림 그리기로는 내가 우리 학교에서 군계일학이다.
> ㉢ 그 선수는 올림픽 무대에서 군계일학의 모습을 보여 주었다.
> ㉣ 거짓말하는 버릇을 군계일학하여 사람들의 신뢰를 되찾을 수 있었다.

( )

한국사

베델, 일제 침략에 맞서 싸운 영국의 언론인

배경지식의 힘

QR을 찍어 동영상을 보고
조지 루이스 쇼에 대해 알아봅시다.

푸른 눈의 독립군,
조지 L. 쇼

4
일

2
주

근대 | # 독립군 | # 조지_루이스_쇼 | # 김구 | # 상해

▶ 동영상을 보고 알맞은 것에 ✔ 하세요.

▶ 정답 10쪽

1 백범 김구와 15인의 독립운동가들은 어디에 가기 위해 배를 탔나요?

㉠ 상해에 가기 위해 배를 탔습니다. ☐
㉡ 미국에 가기 위해 배를 탔습니다. ☐

2 일제 경비선이 따라오자 조지 루이스 쇼는 어떻게 했나요?

㉠ 배를 멈추고 기다렸습니다. ☐
㉡ 들은 체하지 않고 배를 전속력으로 몰아 경비구역을 지났습니다. ☐

3 조지 루이스 쇼의 조국은 어디인가요?

㉠ 영국입니다. ☐
㉡ 아일랜드입니다. ☐

4 조지 루이스 쇼가 설립한 이륭양행의 2층은 무엇으로 사용되었나요?

㉠ 임시 정부의 신문사로 사용되었습니다. ☐
㉡ 임시 정부의 교통국으로 사용되었습니다. ☐

한국사

베델, 일제 침략에 맞서 싸운 영국의 언론인

키워드 🔍
· 베델
· 《대한매일신보》

	쉬움	보통	어려움
제재			
어휘			
문장			

영국의 **항구** 도시인 브리스틀에서 태어난 어니스트 베델은 1904년 3월, 영국 신문사의 **특파원**으로 한국에 오게 됩니다. 한국에 방문한 베델은 일제의 침략으로 주권을 빼앗긴 대한 제국의 잔혹한 현실에 놀랄 수밖에 없었습니다. 일제에 맞서는 한국인들이 독립 정신에 크게 감동한 베델은 대한 제국에 남아 한국인들의 독립을 ㉠지원하기로 결심합니다. 1904년 7월, 베델은 한국의 저항과 일제의 **탄압**을 전 세계에 드러낼 수 있는 《대한매일신보》를 만들게 됩니다.

당시 일제 강점하에 있던 우리나라 사람들은 일제를 비판하는 신문을 만들 수가 없었는데요. 베델이 만든 신문은 달랐습니다. 《대한매일신보》는 발행인이 영국인인 베델이었기 때문에, 일본은 미리 기사를 보고 **검열**할 수가 없었죠. 그래서 양기탁, 박은식, 신채호 등 당대 지식인들은 모두 《대한매일신보》에 일본을 비판하는 기사를 실을 수 있었답니다. 그렇게 《대한매일신보》는 새로운 바람을 일으키기 시작했습니다.

《대한매일신보》는 을사조약의 무효를 주장하는 기사를 실었습니다. 또, 나라 안팎에서 일본의 침략 행위를 폭로하는 항일 기사도 실었습니다. 《대한매일신보》는 당시 발간되던 신문 가운데 가장 강력하게 일본을 비판하는 신문이었다고 할 수 있습니다. 이에 일제는 《대한매일신보》를 없애고 베델을 쫓아내기 위해 끊임없이 노력했습니다. 결국 1908년 6월, 베델에게 일본인 **배척**을 **선동**했다는 혐의를 씌워 상하이에서 3주 동안 **구금**을 시켰습니다.

석방된 후, 베델은 다시 대한 제국으로 돌아왔지만 건강이 급격하게 나빠진 탓에 1909년 5월 1일 눈을 감고 말았습니다. ㉮베델은 죽는 순간까지도 양기탁의 손을 잡고 《대한매일신보》를 지켜 달라고 부탁했을 정도로, 한국과 한국인에 대한 엄청난 애정을 드러냈습니다. 태어난 국가는 달랐으나, 베델은 한국인과 함께 분노하고 투쟁했습니다.

▲ 베델의 묘비

📖 어휘 풀이

○ **항구**: 배가 드나들도록 강가나 바닷가에 만든 곳.
· **특파원**: 특별한 임무를 위해 보내는 사람.
· **탄압**: 힘으로 억지로 눌러 꼼짝 못 하게 함.
· **검열**: 언론, 출판, 우편물 등의 내용을 미리 살펴보고 통제하는 일.
· **배척**: 따돌리거나 거부하여 밀어 내침.
· **선동**: 남을 부추겨 어떤 일이나 행동을 하도록 함.
· **구금**: 교도소에 가두어 자유를 구속하는 처분.

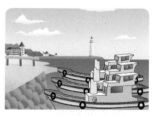

▶ 부산은 우리나라의 가장 유명한 항구 도시이다.

1 다음 문단을 간단히 요약한 문장은 무엇입니까?⋯⋯⋯⋯⋯ ( )

> 당시 일제 강점하에 있던 우리나라 사람들은 일제를 비판하는 신문을 만들 수가 없었는데요. 베델이 만든 신문은 달랐습니다. 《대한매일신보》는 발행인이 영국인인 베델이었기 때문에, 일본은 미리 기사를 보고 검열할 수가 없었죠. 그래서 양기탁, 박은식, 신채호 등 당대 지식인들은 모두 《대한매일신보》에 일본을 비판하는 기사를 실을 수 있었답니다.

① 우리나라 사람들은 일제 강점하에 있었다.
② 일본은 미리 기사를 보고 검열할 수 없었다.
③ 《대한매일신보》는 영국인인 베델이 발행했다.
④ 양기탁, 박은식, 신채호는 당대의 지식인들이다.
⑤ 베델이 발행한 《대한매일신보》에는 일본을 비판하는 기사를 실을 수 있었다.

문해력 tip 문단 요약하기

중요한 내용을 더 잘 기억하기 위해서는 문단을 간단히 요약하며 읽어야 합니다.

4
일

2
주

2 다음 문단에서 가장 중요한 문장을 골라 번호를 쓰시오.

> ① 《대한매일신보》는 을사조약의 무효를 주장하는 기사를 실었습니다. ② 또, 나라 안팎에서 일본의 침략 행위를 폭로하는 항일 기사도 실었습니다. ③ 《대한매일신보》는 당시 발간되던 신문 가운데 가장 강력하게 일본을 비판하는 신문이었다고 할 수 있습니다.

( )

문해력 tip 문장 요약하기

문단에서 가장 중요한 문장을 선택하고 기억하기 쉽게 간단히 요약하며 읽는 연습을 해 주세요.

○ 문장 요약하기

3 ㉮를 알맞게 요약한 문장은 무엇입니까?⋯⋯⋯⋯⋯⋯ ( )

① 베델은 《대한매일신보》의 발행인이다.
② 베델은 1909년에 건강이 급격하게 나빠졌다.
③ 베델은 한국과 한국인에 대한 애정이 깊었다.
④ 베델은 일본인 배척을 선동했다는 혐의를 받았다.
⑤ 베델은 《대한매일신보》를 통해 한국인의 독립을 지원했다.

문해력 tip 문장 요약하기

문장에서 중요한 부분을 요약하며 읽으면 아무리 긴 문장이라도 전하고자 하는 의미가 머릿속에 분명히 남게 됩니다.

핵심 정보 파악

4 글의 내용으로 알맞지 <u>않은</u> 것은 무엇입니까? ────────────────── (   )

① 1904년, 베델은 영국 신문사의 특파원으로 한국에 왔다.

② 일본은 영국인인 베델이 만든 신문의 기사를 미리 보고 검열했다.

③ 베델은 한국의 저항과 일제의 탄압을 전 세계에 드러낼 수 있는 《대한매일신보》를 만들었다.

④ 일본은 베델에게 일본인 배척을 선동했다는 혐의를 씌워 상하이에 3주 동안 구금을 시켰다.

⑤ 베델과 양기탁, 박은식, 신채호 등 당대 지식인들은 《대한매일신보》를 통해 일본의 침략 행위를 폭로하고 항일 언론 활동을 벌였다.

낱말의 뜻 파악하기

5 다음 밑줄 그은 단어 중 ㉠과 <u>다른</u> 뜻으로 쓰인 것은 무엇입니까? ──────────── (   )

① 정부는 일자리 <u>지원</u> 사업을 확대했다.

② 선생님께서 동아리 활동비를 <u>지원</u>해 주셨다.

③ 그 단체는 독립운동을 적극적으로 <u>지원</u>했다.

④ 국가가 피해 지역에 생활필수품을 <u>지원</u>했다.

⑤ 나는 예술 중학교에 <u>지원</u>하기로 마음을 먹었다.

글의 순서 파악하기

6 글에서 일이 일어난 순서에 맞게 기호를 쓰시오.

> ㉮ 베델은 대한 제국에 남아 한국인들의 독립을 지원하기로 결심함.
> ㉯ 1904년, 어니스트 베델이 영국 신문사의 특파원으로 한국에 방문함.
> ㉰ 일본은 베델에게 일본인 배척을 선동했다는 혐의를 씌워 상하이에 3주 동안 구금을 시킴.
> ㉱ 《대한매일신보》에 일제를 강력하게 비판하는 글이 실리며 국민들이 각종 소식을 접하기 시작함.

(   ) → (   ) → (   ) → (   )

베델과 대한매일신보에 대해 알아볼까요?

≫ 대한매일신보에 대해 설명한 글을 읽었습니다. 빈칸에 들어갈 말을 [보기]에서 찾아 써넣으며 글 내용을 정리해 봅시다.

┌─ 보기 ─────────────────────────────────┐
│   옹호   《독립신문》   일본인   비판   │
│   기사   민족   영국인   《대한매일신보》   │
└──────────────────────────────────────┘

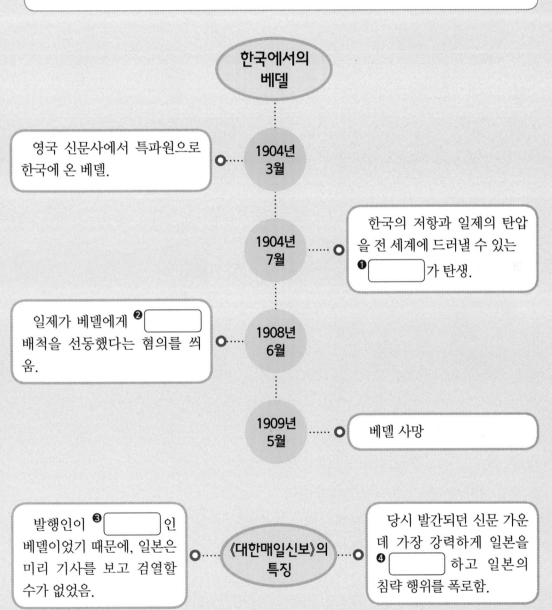

한국에서의 베델

1904년 3월 — 영국 신문사에서 특파원으로 한국에 온 베델.

1904년 7월 — 한국의 저항과 일제의 탄압을 전 세계에 드러낼 수 있는 ❶[   ]가 탄생.

1908년 6월 — 일제가 베델에게 ❷[   ] 배척을 선동했다는 혐의를 씌움.

1909년 5월 — 베델 사망

《대한매일신보》의 특징

발행인이 ❸[   ]인 베델이었기 때문에, 일본은 미리 기사를 보고 검열할 수가 없었음.

당시 발간되던 신문 가운데 가장 강력하게 일본을 ❹[   ]하고 일본의 침략 행위를 폭로함.

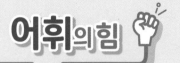
●● 바람과 관련된 관용어를 살펴보고 어떤 경우에 사용할 수 있을지 생각해 보세요.

바람을 일으키다
사회적으로 많은 사람에게 영향을 미치다.

찬바람이 불다
분위기가 냉랭하다. 사람이 쌀쌀한 태도를 보이다.

바람을 쐬다
기분 전환을 위하여 비깥이나 딴 곳을 다니다.

바람을 넣다
남을 부추겨서 무슨 행동을 하려는 마음이 생기게 만들다.

1 관용어를 잘못 사용한 문장은 무엇입니까? ·· (   )

① 오늘 아침, 교실에는 찬바람이 불었다.
② 왜 얌전히 공부하는 아이에게 바람을 넣고 그래?
③ 새로 등장한 신제품이 변화의 바람을 일으키고 있다.
④ 그녀의 등장은 국내 연극계에 새로운 바람을 일으켰다.
⑤ 산책으로 바람을 넣으니 우울했던 기분이 조금 나아졌다.

사회 ○ 에너지 고갈에서 살아남기

배경지식의힘

QR을 찍어 동영상을 보고
자원에 대해 알아봅시다.

부족한 자원을 해결하는 방법

| 자원 | # 수출 | # 수입 | # 자원_외교 | # 해외 | # 개발 |

▶ 동영상을 보고 알맞은 것에 ✔ 하세요.

▶ 정답 11쪽

1 수출의 반대말로, 다른 나라로부터 국내로 상품을 사들이는 것을 뜻하는 낱말은 무엇인가요?

㉠ 수입 ☐
㉡ 수질 ☐

2 자원 외교란 무엇인가요?

㉠ 다른 국가의 자원을 공짜로 받는 것. ☐
㉡ 자원이 풍부한 국가의 자원을 사들이거나 계약을 맺는 것. ☐

3 우리나라 기업이 멕시코의 산타로살리아에서 개발하고 있는 것은 무엇인가요?

㉠ 로봇을 개발하고 있습니다. ☐
㉡ 구리 광산을 개발하고 있습니다. ☐

4 해외 여러 나라에서 직접 자원 개발에 참여하는 것의 장점은 무엇인가요?

㉠ 광산을 직접 만들 수 있습니다. ☐
㉡ 안정적으로 자원을 확보할 수 있습니다. ☐

사회 ○ 에너지 고갈에서 살아남기

키워드 🔍	쉬움	보통	어려움
• 에너지 • 자원	제재 어휘 문장		

(가) 우리를 언제나 어디로든 이동하게 해 주는 편리한 교통수단인 자동차부터 지구 반대편까지 사람들을 옮기는 비행기까지, 우리의 실생활에 밀접한 수많은 이동 수단과 생활필수품들을 만드는 공장을 움직이는 힘은 에너지이다. 우리의 삶에 꼭 필요한 에너지가 무한대로 생겨난다면 정말 좋겠지만, 현실은 그렇지 않다.

(나) 현재 인류가 이용하고 있는 대부분의 에너지는 화석 **연료**로 얻은 것이다. ㉠화석 연료란 석탄, 석유, 천연가스 등과 같이 지하에 매장되어 있는 연료를 말한다. 석유와 석탄은 땅속에서 캐내는 지하자원이기 때문에 평생 쓸 수 있는 에너지가 아니다. 과학자들은 앞으로 몇십 년 뒤면 석유와 석탄이 지구 상에서 모두 사라져 버릴지도 모른다고 입을 모아 이야기한다.

(다) 또한 화석 연료를 태우면서 **배출**되는 이산화 탄소와 이에 따라 생겨나는 지구 온난화 역시 심각한 문제이다. 이산화 탄소는 지구 온난화와 각종 **이상 기후** 현상의 원인이 되고 있다. 이를 방치했다가는 지구 전체에 심각한 환경 재앙이 생겨날 것이다.

(라) 에너지 **고갈**이 얼마 남지 않은 이 상황에서 우리는 신재생 에너지에 주목해야 한다. 신재생 에너지란 기존의 화석 연료 에너지를 대신해서 사용할 수 있는 에너지이다. 신재생 에너지는 재생할 수 있어 고갈되지 않는다는 장점이 있다. 또한, 신재생 에너지는 오염의 물질이나 이산화 탄소 배출이 매우 적어 **환경친화적**이다.

(마) 대표적인 신재생 에너지로는 태양광, 조력, 풍력, 연료 전지 등이 있다. 태양 전지를 이용한 태양광 발전, 바닷물의 밀물과 썰물의 차이에 의해 생기는 힘인 조력을 이용한 발전, 바람이 강한 지역에서 회전 날개를 돌리는 풍력 발전으로 전기를 만들어 낼 수 있다. 연료 전지란, 수소와 산소를 반응시켜서 전기를 만들어 사용하는 친환경 전지를 말한다.

▲ 풍력 발전기

📖 어휘 풀이

- **연료**: 열, 빛 등의 에너지를 얻을 수 있는 물질.
- **배출**: 안에서 밖으로 밀어 내보냄.
- **이상 기후**: 기온이나 강수량 따위가 정상적인 상태를 벗어난 상태.
- **고갈**: 물건, 느낌, 생각 등이 모두 다 없어짐.
- **환경친화적**: 자연환경을 오염하지 않고 자연 그대로와 잘 어울리는 것.
- 전지: 전극 사이에 전기 에너지를 발생시키는 장치.

▶ 태양 전지는 신재생 에너지로 전기를 만들어 낸다.

1 ㉠을 요약할 때 필요하다고 생각되는 부분은 ○, 삭제해도 된다고 생각하는 부분은 ×표 하시오.

> 화석 연료란 석탄, 석유, 천연가스 등과 같이
> ( )   ( )   ( )
> 지하에 매장되어 있는 연료를 말한다.
>   ( )   ( )

● 문단 요약하기

2 다음 중 (다) 문단을 간단히 요약한 문장은 무엇입니까? ········ ( )

① 신재생 에너지가 떠오르고 있다.

② 화석 연료는 우리의 삶에 꼭 필요하다.

③ 지구 온난화의 원인은 이산화 탄소이다.

④ 이상 기후를 막기 위해 우리 모두 노력해야 한다.

⑤ 화석 연료 사용이 계속되면 심각한 지구 온난화와 환경 재앙을 겪을 것이다.

> **문해력 tip** 문단 요약하기
>
> 문단을 읽으며 중요한 부분과 덜 중요한 부분을 나누어 보세요. 더 쉽게 요약할 수 있어요.

3 신재생 에너지의 장점에 대해 알 수 있는 문단의 기호를 쓰시오.

( ) 문단

4 (마)의 중심 내용으로 가장 알맞은 것은 무엇입니까? ············· ( )

① 화석 연료의 종류

② 태양 전지의 중요성

③ 에너지 고갈의 위험성

④ 신재생 에너지의 종류

⑤ 이상 기후 현상의 원인

> **문해력 tip** 문단 요약하기
>
> 문단의 중심 생각과 다른 문장을 이어서 기억하기 쉽게 요약해 보세요.

5 화석 연료의 특징으로 알맞지 <u>않은</u> 것은 무엇입니까? ······························ (   )

① 화석 연료는 무한대로 생겨날 수 있다.

② 석탄, 석유, 천연가스는 화석 연료에 속한다.

③ 화석 연료를 태우면 이산화 탄소가 배출된다.

④ 화석 연료란 지하에 매장되어 있는 연료를 말한다.

⑤ 과도한 화석 연료의 사용은 지구 온난화의 원인이 되고 있다.

● 핵심 정보 파악

6 다음 빈칸에 들어갈 내용으로 가장 알맞은 것은 무엇입니까? ······················ (   )

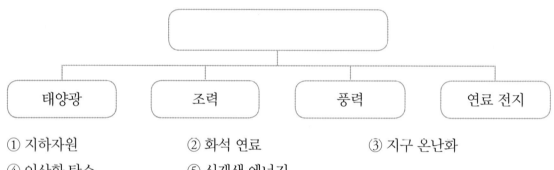

① 지하자원   ② 화석 연료   ③ 지구 온난화

④ 이산화 탄소   ⑤ 신재생 에너지

● 낱말의 뜻 파악하기

7 다음과 같은 뜻을 가진 낱말은 무엇입니까? ······························ (   )

> 물건, 느낌, 생각 등이 모두 다 없어짐.

① 연료   ② 배출   ③ 고갈

④ 비용   ⑤ 연료

● 글의 내용 파악하기

8 글의 내용으로 알맞지 <u>않은</u> 것은 무엇입니까? ······························ (   )

① 석유와 석탄은 땅속에서 캐낼 수 있다.

② 풍력 발전이란, 바닷물의 밀물과 썰물의 차이를 이용한 발전이다.

③ 신재생 에너지는 재생할 수 있어 고갈되지 않는다는 장점이 있다.

④ 신재생 에너지는 오염 물질이나 이산화 탄소 배출이 매우 적어 환경친화적이다.

⑤ 수소와 산소를 반응시켜서 전기를 만들어 사용하는 친환경 전지를 연료 전지라고 한다.

신재생 에너지에 대해 알아볼까요?

>> 신재생 에너지에 대해 설명한 글을 읽었습니다. 빈칸에 들어갈 말을 [보기]에서 찾아 써넣으며 글 내용을 정리해 봅시다.

┌─ 보기 ─────────────────────────────────────┐
│   │
│   석유   발전   태양   지하   │
│   지구 온난화   환경친화적   연료 전지   풍력   │
│   │
└──┘

5
일

2
주

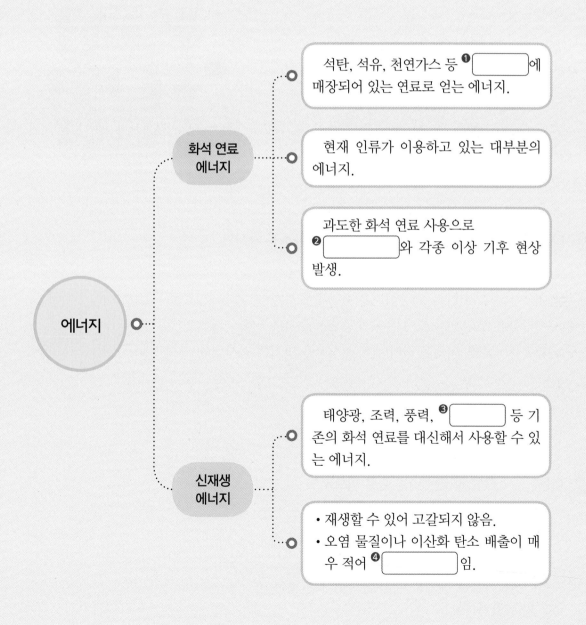

에너지

화석 연료 에너지
- 석탄, 석유, 천연가스 등 ❶[   ]에 매장되어 있는 연료로 얻는 에너지.
- 현재 인류가 이용하고 있는 대부분의 에너지.
- 과도한 화석 연료 사용으로 ❷[   ]와 각종 이상 기후 현상 발생.

신재생 에너지
- 태양광, 조력, 풍력, ❸[   ] 등 기존의 화석 연료를 대신해서 사용할 수 있는 에너지.
- 재생할 수 있어 고갈되지 않음.
- 오염 물질이나 이산화 탄소 배출이 매우 적어 ❹[   ]임.

● '입을 모으다'와 '이목을 끌다'는 무슨 뜻일까요? '입을 모으다'와 '이목을 끌다'의 쓰임을 생각해 보세요.

입을 모으다

모두 한결같이 말하다.

- 사람들은 모두 입을 모아 지희를 칭찬했다.
- 의사들은 설탕 섭취를 줄여야 한다고 입을 모았다.

이목을 끌다

눈에 특별하게 띄거나 집중을 받다.

- 새로 등장한 게임이 전 세계의 이목을 끌고 있다.
- 이번에는 사람들의 이목을 끌 수 있는 공연을 준비했다.

1 다음 밑줄 그은 표현이 알맞지 않은 것을 찾아 ×표 하시오.

(1) 동생은 지금까지 노래 실력으로 이목을 끌어 왔다. ( )

(2) 지호는 스스로 입을 모아 어려운 사람들을 도왔다. ( )

(3) 사람들은 모두 입을 모아 운동의 중요성을 강조했다. ( )

(4) 많은 사람들의 이목을 끌기 위해 신상품을 멋지게 전시했다. ( )

2 다음 ⬭ 안에 알맞은 말을 줄로 이으시오.

(1) 지원이의 화려한 옷이 사람들의 ⬜. • · ① 입을 모았다

(2) 전문가들은 새로운 대책을 마련하는 것이 가장 중요하다고 ⬜. • · ② 이목을 끌었다

3주

글의 설계도를 떠올리며 읽기

문해력이 뛰어난 사람은 어떻게 읽을까?

문해력이 뛰어난 사람은 글을 구조적으로 읽어요. 글의 전개 방법을 파악하고 지금 읽고 있는 부분이 전체에서 어떤 역할을 하는지 머릿속에 그려 가며 읽기 때문에 글에 대한 이해도가 훨씬 높아요. 글의 구조를 표현한 설계도에는 어떠한 것들이 있는지, 각 설계도에 따라 앞뒤 내용은 어떤 관계를 갖는지 공부해요.

3주에 공부할 내용

문해력

글의 설계도를 떠올리며 읽기

문해력 친구들을 위한 문해력 솔루션! ✚

· 글 전체의 내용을 정리하기가 힘들다.
· 문단과 문단의 관계를 생각하지 않고 읽는다.
· 글 전체에서 지금 읽고 있는 부분이 어떤 역할을 하는지 모른다.

글에도 설계도가 있다고?

🔵 글의 설계도

집을 지을 때 설계도가 필요하듯 글을 쓸 때에도 설계도가 필요해요.
글의 설계도란 **글을 전개하는 순서나 방법에 따라 쓸 내용을 알기 쉽게 정리해 놓은 표나 그림**이에요.

식물의 뿌리

당근은 식물의 열매가 아니라 **뿌리**이다. 당근 줄기를 통째로 당기면 우리가 흔히 아는 당근이 뿌리 모양으로 땅속에서 뽑혀 나온다. 당근과 같이 영양분을 저장하는 **뿌리**를 저장**뿌리**라고 한다.

물뿌리는 물 위에 사는 식물에게서 볼 수 있는 **뿌리**이다. 개구리밥이나 부레옥잠은 물에 떠서 영양분을 흡수하는데, **뿌리** 전체로 물속에 있는 양분을 흡수한다.

→ 제목을 보고 식물의 여러 가지 뿌리에 대한 글임을 알 수 있어요.

→ 식물의 뿌리 중 저장뿌리에 대한 부분

→ 식물의 뿌리 중 물뿌리에 대한 부분

[이 글의 설계도]

하나의 주제에 대해 여러 가지 항목을 나열한 설계도군!

뒤에는 다른 뿌리를 설명하는 내용이 이어질 거야.

식물의 뿌리 ── 저장뿌리 / 물뿌리 / ...... / ......

💡 글 제목이나 설명하는 내용으로 보아 이 글은 식물의 뿌리 여러 종류를 열거하여 설명하는 설계도를 가졌어요. 그러니 글 내용도 물뿌리에 대한 설명 뒤에는 다른 종류의 뿌리를 설명할 것이라고 짐작할 수 있지요.

이처럼 글의 짜임에 따라 글의 설계도를 떠올리며 읽으면 내가 읽고 있는 부분이 글 전체에서 어떤 역할을 하는지, 다음에 어떤 내용이 이어질지 짐작할 수 있어요.

글의 짜임에 따른 여러 가지 설계도

열거 짜임

어떤 대상의 예나 특징을 설명하는 글은 예시 ①, 예시 ②, 예시 ③ 혹은, 특징 ① , 특징 ②, 특징 ③과 같이 여러 가지 내용을 나열해서 쓰게 되겠죠? 이렇게 여러 가지 내용이 늘어서는 짜임의 설계도예요. 열거 짜임의 글은 각 항목의 내용을 요약하며 읽어요.

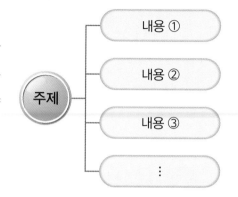

순서 짜임

'김치 담그는 방법'과 같이 어떤 일을 차례대로 설명하는 글은 이와 같이 순서를 나타내는 설계도가 알맞아요. 순서 짜임의 글들은 각 내용의 앞뒤 순서를 기억하며 읽어야 해요.

원인과 결과 짜임

어떤 일의 원인이나 결과를 설명하는 글은 원인과 결과 짜임을 가져요. '지진이 발생하는 까닭', '일식의 원리'와 같이 어떤 현상의 인과 관계를 설명하는 글은 원인이 되는 부분과 그 결과가 되는 부분을 서로 짝 지어 읽어야 해요.

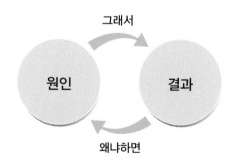

분석 짜임

'꽃의 구조'를 설명하는 글은 꽃잎, 수술, 암술, 꽃받침 등 꽃을 이루는 부분 부분에 대해 설명하게 되겠죠? 이렇게 큰 전체를 작은 부분으로 나누어 설명하는 글은 분석 짜임의 설계도를 가져요. 분석 짜임의 글은 전체와 부분의 내용을 관련지으며 읽어요.

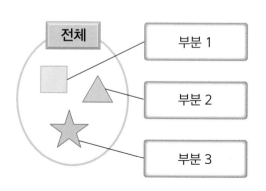

분류 짜임

어떤 기준에 따라 비슷한 종류의 대상을 묶어서 설명하는 분류 짜임은 열거 짜임과 비슷한 설계도를 가져요. 물질의 종류를 설명하거나 동물의 종을 갈라서 설명하는 글은 분류 짜임의 설계도가 알맞지요. 분류 짜임의 글은 대상을 나누거나 묶은 기준을 생각하며 읽어요.

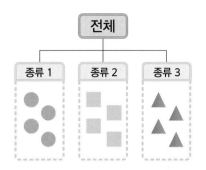

비교 대조 짜임

'개구리와 두꺼비', '자전거와 오토바이'처럼 두 대상의 공통점이나 차이점을 설명하는 글은 비교 대조의 짜임을 가졌고 설계도는 이와 같아요. 설계도에서 두 원이 겹치는 가운데 부분은 두 대상의 공통점을 나타내는 거예요.

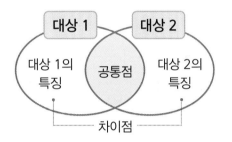

이와 같이 **글의 짜임에 따라 설계도를 떠올리면 지금 읽고 있는 부분이 앞뒤 내용과 어떤 관계를 갖는지 알 수 있어요.** 그러니 글 내용도 보다 체계적으로 파악할 수 있답니다.

문해력 솔루션! | **글의 설계도를 떠올리며 읽기**

▶ 열거 짜임은 주제에 따라 나열된 각 항목을 요약하며 읽자.
▶ 순서 짜임은 각 부분이 어떤 차례로 이루어지는 기억하며 읽자.
▶ 글의 짜임에 따라 설계도의 모양을 떠올리고 내용을 머릿속에 정리하며 읽자.

1 다음과 같은 설계도를 가진 글에 대해 바르게 말한 것은 어느 것입니까? ·· (   )

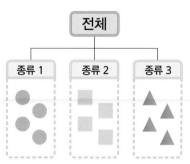

① 일의 순서를 설명한다.
② 원인과 결과를 설명한다.
③ 문제와 해결 방법을 설명한다.
④ 두 대상을 비교하여 설명한다.
⑤ 비슷한 종류끼리 묶어서 설명한다.

어떤 대상의 종류를 구분하여 놓은 글의 짜임이에요.

2 다음과 같이 시작하는 글을 읽을 때 떠올릴 만한 설계도를 찾아 ○표 하시오.

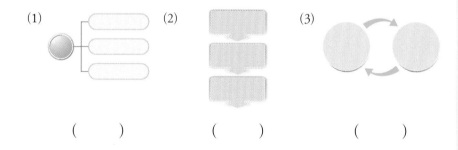

> 컴퓨터가 일을 하는 순서는 크게 네 가지 단계를 거친다. 첫째, 사용자의 요구를 컴퓨터에 입력하는 과정이다. ……(후략)

(1)   (2)   (3)

(   )   (   )   (   )

3 다음 글을 읽고 설계도의 빈칸에 알맞은 말을 써넣으시오.

> 한성순보는 우리나라 최초의 신문이다. 1883년 발간된 한성순보는 한문으로 작성되어 열흘 간격으로 발행되었다.
> 독립신문은 우리나라 최초의 민간 신문이다. 독립신문은 한글로 발간되었으며 민족의식을 고취하는 데 크게 기여했다.

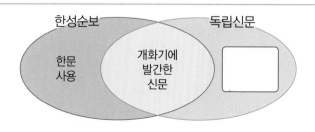

한성순보   독립신문

한문 사용 / 개화기에 발간한 신문

비교 대조 짜임의 글은 공통점과 차이점을 정리하는 것이 중요해요.

사회 ○ 우리 모두의 권리

QR을 찍어 동영상을 보고
인권을 위한 노력에 대해 알아봅시다.

2 일

3 주

19XX년 X월

인권 지킴 신문

인권을 지키기 위한 노력

인권 | # 평등 | # 자유 | # 세계_인권_선언 | # 4·19_혁명 | # 방정환

▶ 동영상을 보고 알맞은 것에 ✓ 하세요.

▶ 정답 13쪽

1 1948년 12월 10일 국제 연합 총회에서 채택한 것은 무엇인가요?

㉠ 세계 인권 선언입니다. ☐
㉡ 세계 정의 선언입니다. ☐

3 어린이의 인권을 위해 노력한 위인은 누구인가요?

㉠ 소파 방정환입니다. ☐
㉡ 엘리너 루스벨트입니다. ☐

2 한국의 법치주의를 회복하기 위해 많은 사람들이 노력했던 인권 운동은 무엇인가요?

㉠ 산업 혁명입니다. ☐
㉡ 4·19 혁명입니다. ☐

4 최초의 어린이날은 언제인가요?

㉠ 1920년 4월 1일입니다. ☐
㉡ 1923년 5월 1일입니다. ☐

우리 모두의 권리

(가) 대통령 선거가 다가오면 대통령 후보자의 얼굴과 **공약**을 알리는 현수막을 볼 수 있는데요. 대한민국 국민이라면 누구나, 일정 자격을 갖추면 선거를 할 수 있고 대통령 후보가 될 수도 있답니다. 이렇게 국민이 국가의 정치에 참여할 수 있는 권리를 '참정권'이라고 하는데요. '참정권'처럼 국민이 누려야 할 기본적인 권리를 '국민의 기본권'이라고 해요. 우리나라 헌법에서는 인간이 행복을 추구할 권리를 보장하고자 '국민의 기본권'을 정했답니다. 헌법에 정해 둔 국민의 기본권에는 자유권, 평등권, 참정권, 청구권, 사회권이 있어요.

(나) 가장 먼저 평등권은 모든 국민이 성별, 종교에 상관없이 법 앞에서 **차별**을 받지 않을 권리예요. 자유권이란 모든 국민이 자유롭게 행동할 수 있는 권리를 말해요. 자유권에는 신체의 자유, 종교의 자유, **언론**·출판·**집회**의 자유, 직업 선택의 자유 등이 있죠.

(다) 다음으로 참정권은 국민이 정치에 참여할 수 있는 권리예요. 만 18세 이상의 국민이라면 누구나 선거를 할 수 있어요. 또 누구나 대통령이나 국회 의원이 되어 정치를 할 수도 있어요. 청구권은 국민이 국가에 대하여 어떤 일을 해 달라고 말할 수 있는 권리예요. 국회나 **행정 기관**에 의견을 낼 수 있고, 억울한 일을 당했을 때는 공정한 재판을 받을 수 있어요.

(라) 마지막으로 사회권은 인간답게 생활할 수 있는 권리예요. 사회권이 있어서 국민은 인간으로서 누려야 할 최소한의 생활을 국가에 요구할 수 있어요. 교육을 받을 수 있는 권리, 건강한 생활을 누릴 권리 등이 모두 사회권에 포함된답니다.

(마) 모든 국민은 헌법에서 보장하는 기본적 권리를 갖고 있지만, 많은 사람이 함께 살아가다 보면 서로의 기본권이 충돌하는 경우가 생길 수도 있습니다. 예를 들어, 층간 소음이나 층간 흡연 문제로 이웃 간에 충돌이 일어나는 경우가 기본권이 충돌한 사례예요. 서로의 기본권이 부딪칠 때는 각자가 가진 권리를 조금씩 양보하면서 모두의 권리를 실현할 수 있는 방법을 찾으려는 노력이 필요하겠죠?

📖 어휘 풀이

○ **공약**: 정부, 선거 후보 등이 어떤 일에 대하여 국민에게 실행할 것을 약속함.
• **차별**: 둘 이상의 대상을 차이를 두어 불평등하게 구별함.
• **언론**: 개인이 말이나 글로 자기의 생각을 발표하는 일.
• **집회**: 여러 사람이 어떤 목적을 위하여 잠시 모임.
• **행정 기관**: 국가의 정치나 사무를 담당하는 기관.

▶ 국민들은 후보의 공약을 꼼꼼히 살피고 선거에 참여해야 한다.

● 문단의 내용 파악하기

1 평등권과 자유권에 대한 설명이 나타난 문단의 기호를 쓰시오.

(   ) 문단

문해력 tip   문단의 내용 파악하기

지금 읽고 있는 글 내용이 어떤 역할을 하는지, 그리고 이 뒤에 어떤 내용이 이어질지 생각하며 읽어요.

● 글의 짜임 파악하기

2 이 글의 짜임에 대한 설명으로 알맞은 것은 무엇입니까? ……(   )

① 주요 내용이 열거되는 짜임이다.

② 어떤 현상의 인과 관계를 설명하는 짜임이다.

③ 어떤 문제와 그 해결책을 설명하는 짜임이다.

④ 어떤 일이 일어난 순서대로 설명하는 짜임이다.

⑤ 두 대상의 공통점이나 차이점을 설명하는 짜임이다.

문단과 문단의 관계를 생각하며 읽으면 글 전체의 내용을 더 쉽게 정리할 수 있어요.

2 일

3 주

● 글의 설계도 파악하기

3 다음은 이 글의 설계도입니다. 빈칸에 들어갈 내용은 무엇입니까?

………………………………………………………………………… (   )

(가) 문단	기본권의 정의
(나) 문단	평등권과 자유권이란?
(다) 문단	참정권과 청구권이란?
(라) 문단	
(마) 문단	모두의 권리를 실현하는 방법

① 헌법이란?

② 교육이란?

③ 평등이란?

④ 사회권이란?

⑤ 대통령 선거의 중요성

문해력 tip   글의 설계도 유추하기

글 전체의 내용을 도식화하며 읽으면 글 내용을 보다 체계적으로 파악할 수 있어요.

○ 핵심 정보 파악

4 국민의 기본권 중에서, 국민이 국가에 대하여 어떤 일을 해 달라고 말할 수 있는 권리는 무엇입니까? ⋯⋯⋯⋯⋯⋯⋯⋯⋯ (　　　)

① 평등권　　　　　　② 자유권　　　　　　③ 참정권
④ 청구권　　　　　　⑤ 사회권

5 다음 중 국민의 기본권에 대한 설명으로 알맞지 <u>않은</u> 것은 어느 것입니까? ⋯⋯⋯⋯⋯ (　　　)

① 사회권은 인간답게 생활할 수 있는 권리를 말한다.
② 모든 국민은 교육을 받을 수 있는 권리를 갖고 있다.
③ 모든 국민은 헌법에서 보장하는 기본적 권리를 갖고 있다.
④ 국민이 국가의 정치에 참여할 수 있는 권리를 '참정권'이라고 한다.
⑤ 많은 사람들이 함께 살아도 서로의 기본권은 절대 충돌하지 않는다.

6 다음 모습은 우리 생활 속에서 어떤 기본권을 보장받는 모습인지 쓰시오.

> • 나는 내가 하고 싶은 직업을 선택할 수 있다.
> • 나는 내가 원하는 종교를 선택할 자유가 있다.
> • 나는 나의 의견이나 생각을 자유롭게 이야기할 수 있다.

(　　　　　　　　)

7 국민의 기본권이 침해된 사례로 알맞은 것의 기호를 쓰시오.

> ㉠ 원하는 지역으로 자유롭게 이사를 가는 경우.
> ㉡ 남성이라는 이유로 간호사 시험에 떨어진 경우.
> ㉢ 대통령 후보자의 공약을 살펴보고 투표를 한 경우.
> ㉣ 억울한 일을 당했을 때 행정 기관에 재판을 청구한 경우.

(　　　　　　　　)

국민의 기본권에 대해 정리해 볼까요?

≫ 국민의 기본권에 대해 설명한 글을 읽었습니다. 빈칸에 들어갈 말을 [보기]에서 찾아 써넣으며 글 내용을 정리해 봅시다.

┌─ 보기 ─────────────────────────────┐
│　　재판　　　　　대통령　　　　　차별　　　　　국민　　│
│　　후보자　　　　종교　　　　　　국회　　　　　참정권　│
└───────────────────────────────────┘

기본권

평등권 — 사회적 신분이나 성별, 종교에 상관없이 법 앞에서 ❶ [　　　]을 받지 않을 권리.

자유권 —
• 자유롭게 행동할 수 있는 권리.
• 신체의 자유, ❷ [　　　]의 자유, 언론·출판·집회의 자유 등.

❸ [　　　] —
• 정치에 참여할 수 있는 권리.
• 만 18세 이상의 ❹ [　　　]이라면 누구나 선거를 할 수 있음.

청구권 —
• 국민이 국가에 대하여 어떤 일을 해 달라고 말할 수 있는 권리.
• 국회에 의견을 낼 수 있고, 공정한 ❺ [　　　]을 받을 수 있음.

사회권 —
• 인간답게 생활할 수 있는 권리.
• 교육을 받을 수 있는 권리, 건강한 생활을 누릴 권리 등.

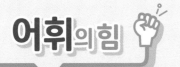
● '권리'와 '의무'는 어떤 점이 다를까요? '권리'와 '의무'의 올바른 쓰임을 생각해 보세요.

권리: 어떤 일을 하거나 타인에게 요구할 수 있는 힘이나 자격.	의무: 꼭 해야 하는 일.
• 나는 나의 권리를 당당하게 주장했다. • 모든 국민은 교육을 받을 권리가 있다.	• 세금을 내는 것은 국민의 의무이다. • 우리는 많은 권리를 누리며 동시에 많은 의무도 지고 있다.

1 다음 빈칸에 들어갈 알맞은 말은 무엇입니까? ·································· (   )

> 헌법에 나와 있는 국민의 [   ]에는 교육의 의무, 납세의 의무, 근로의 의무, 국방의 의무, 환경 보전의 의무가 있습니다.

① 권리   ② 의무   ③ 언론   ④ 세금   ⑤ 보장

2 '권리'와 '의무' 중, 다음 빈칸에 알맞은 단어를 쓰시오.

> 모든 국민은 세금을 내야 할 [ ][ ]가 있다.

(   )

3 '권리'와 '의무'에 대해 바르게 이해하지 <u>못한</u> 친구의 이름을 쓰시오.

> **성규:** 권리란, 어떤 일을 다른 사람에게 요구할 수 있는 힘이야.
> **유진:** 자신이 해야 할 일은 하지 않고 권리만 누리려고 하면 안 돼.
> **호연:** 모든 국민, 기업, 국가는 환경을 보전하기 위해 노력해야 할 의무가 있어.
> **문수:** 우리나라 국민이라면 누구나 국민으로서 당연히 해야 할 일, 즉 권리가 있어.

(   )

과학

꽃은 어떻게 번식할까요?

배경지식의힘

QR을 찍어 동영상을 보고 뿌리에 대해 알아봅시다.

3일

3주

뿌리, 넌 어떤 모습이야?

식물 | # 뿌리 | # 땅 | # 옥수수 | # 겨우살이_뿌리 | # 개구리밥

▶ 동영상을 보고 알맞은 것에 ✓ 하세요.

▶ 정답 14쪽

1 뿌리가 하는 일로 알맞은 것은 무엇인가요?

㉠ 식물을 지탱하고 지지합니다. ☐
㉡ 꽃에서 나온 물을 흡수합니다. ☐

3 다른 나무의 줄기에 뻗어 물과 양분을 흡수하는 뿌리는 무엇인가요?

㉠ 맹그로브 뿌리입니다. ☐
㉡ 겨우살이 뿌리입니다. ☐

2 옥수수를 받쳐 주는 뿌리를 무엇이라고 하나요?

㉠ 버팀뿌리라고 합니다. ☐
㉡ 흔들뿌리라고 합니다. ☐

4 개구리밥 뿌리는 어떤 기능을 하나요?

㉠ 식물이 바람에 잘 흔들리게 합니다. ☐
㉡ 식물이 뒤집어지지 않도록 균형을 잡아 줍니다. ☐

과학 ─○ 꽃은 어떻게 번식할까요?

키워드 🔍		쉬움	보통	어려움
·꽃 ·수분	제재			
	어휘			
	문장			

우리가 봄을 기다리는 이유 중 하나는 꽃이죠. 형형색색 아름다운 꽃을 보면 기분까지 좋아지고 봄이 왔음을 비로소 실감할 수 있어요. 보기에 예쁠 뿐만 아니라 냄새까지 **향긋한** 꽃은 축하와 감사의 마음을 전하기에도 좋죠. 꽃은 왜, 또 어떻게 피는 걸까요?

꽃은 식물이 대를 이어가기 위해 씨를 만드는 **생식** 기관이에요. 꽃은 꽃잎과 꽃받침, 암술, 수술로 이루어져 있어요. 꽃이 열매를 맺기 위해서는 '수분'과 '수정'이 이루어져야 해요. 먼저 '수분'이란, 수술에서 만든 꽃가루가 암술의 머리에 묻는 것을 말해요.

하지만 꽃은 스스로 움직일 수 없죠. 그래서 이때 곤충, 바람 등이 **조력자**로 등장해요. 벌이 꽃에 앉아서 꿀을 빨아들이는 모습을 본 적 있죠? 먼저, 벌의 몸에 수술의 꽃가루가 묻고 그 벌이 다시 꽃의 암술머리에 앉을 때 수분이 이루어집니다. 꽃과 곤충은 이렇게 서로 상부상조하는 관계라고 할 수 있어요.

그런 다음 곤충 덕분에 수분이 된 꽃가루는 암술의 밑에 있는 씨방까지 이동해요. 씨방에 있는 밑씨와 꽃가루가 만나는 것을 바로 '수정'이라고 합니다. 그리고 수정이 끝난 밑씨는 자라서 마침내 씨가 되는 것입니다.

씨는 식물이 자손을 만드는데 매우 중요한 역할을 하는데요. 그래서 식물들은 씨를 보호하기 위해 그 주변을 껍질로 둘러쌉니다. 이렇게 씨와 씨를 보호하고 있는 껍질 부분을 합쳐서 열매라고 부릅니다. 우리가 좋아하는 사과나 감과 같은 과일이 바로 많은 **영양분**이 저장되어 있는 열매랍니다. 열매는 어린 씨를 보호

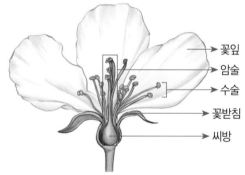

- → 꽃잎
- → 암술
- → 수술
- → 꽃받침
- → 씨방

하고, 익은 씨를 멀리 **퍼뜨리는** 역할을 합니다. 이처럼 식물이 꽃을 피우고 열매를 맺는 것은 식물들이 자신의 대를 잇기 위한 하나의 방법입니다.

📖 어휘 풀이

- **향긋한**: 은근히 향기로운 느낌이 있는.
- **생식**: 생물이 자기와 닮은 생물을 만들어 종족을 유지함.
- ○ **조력자**: 도와주는 사람.
- **영양분**: 영양이 되는 성분.
- **퍼뜨리는**: 널리 퍼지게 하는.

○ 조력자의 한자

助 力 者

도울 **조** 힘 **력** 놈 **자**

예 선생님께서는 우리들의 조력자가 되어 주셨다.

○ 문장의 내용 파악하기

1 다음 중 꽃의 구조를 설명한 문장의 기호를 쓰시오.

문해력 tip 문장의 내용 파악하기

문장이 전하고자 하는 내용이 무엇인지 파악하며 읽어요.

> ㉠ 꽃은 식물이 대를 이어가기 위해 씨를 만드는 생식 기관이에요. ㉡ 꽃은 꽃잎과 꽃받침, 암술, 수술로 이루어져 있어요. ㉢ 꽃이 열매를 맺기 위해서는 수분과 수정이 이루어져야 해요. ㉣ 먼저 수분이란, 수술의 꽃가루가 암술의 머리에 묻는 것을 말해요.

(   )

○ 글의 짜임 파악하기

2 이 글의 짜임에 대한 설명으로 알맞은 것은 무엇입니까? ······· (   )

① 두 대상의 공통점을 설명하는 짜임이다.
② 원인이나 결과를 설명하는 '원인과 결과' 짜임이다.
③ 일의 방법이나 절차 등을 차례대로 설명하는 '순서 짜임'이다.
④ 문제를 해결하기 위한 해결책을 제시하는 '문제와 해결 짜임'이다.
⑤ 어떤 기준에 따라 비슷한 종류의 대상을 묶어서 설명하는 '분류 짜임'이다.

문해력 tip 글의 짜임 파악하기

글 전체의 내용을 도식화하며 읽으면 지금 읽고 있는 부분이 앞뒤 내용과 어떤 관계를 갖는지 알 수 있기 때문에 글 내용을 더 체계적으로 파악할 수 있어요.

○ 글의 설계도 파악하기

3 다음은 이 글의 설계도입니다. 빈칸에 들어갈 내용은 무엇입니까?

·· (   )

수분 ➡ [   ] ➡ 씨 ➡ 열매

① 암술
② 수정
③ 자손
④ 껍질
⑤ 영양분

각 문단이 설명하는 것이 무엇인지 메모하며 읽으면 글의 짜임을 더 쉽게 알 수 있어요.

● 핵심 정보 파악

4 다음 그림은 수분이 이루어지는 과정을 나타낸 것입니다. 암술로 옮겨지는 ㉠은 무엇입니까? ──────────────────── (　　　)

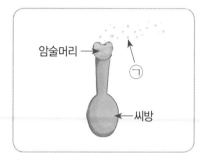

① 벌
② 떡잎
③ 밑씨
④ 열매
⑤ 꽃가루

5 다음 중 꽃의 번식 과정에 대한 설명으로 알맞지 <u>않은</u> 것은 어느 것입니까? ────── (　　　)

① 수정이 끝난 밑씨는 자라서 씨가 된다.
② 씨와 씨를 보호하고 있는 껍질을 합쳐서 열매라고 한다.
③ 수분이 된 꽃가루는 암술의 밑에 있는 꽃잎까지 이동한다.
④ 꽃이 열매를 맺기 위해서는 수분과 수정이 이루어져야 한다.
⑤ 벌의 몸에 수술의 꽃가루가 묻고 그 벌이 다시 꽃의 암술머리에 앉을 때 수분이 이루어진다.

6 다음 빈칸에 알맞은 낱말을 앞 글에서 찾아 써넣으시오.

		는 어린 씨를 보호하고, 익은 씨를 멀리 퍼뜨리는 역할을 합니다.

● 낱말 뜻 파악하기

7 다음과 같은 뜻을 가진 낱말은 무엇입니까? ──────────────────── (　　　)

생물이 자기와 닮은 생물을 만들어 종족을 유지함.

① 꽃　　　　　　　② 수분　　　　　　　③ 수정
④ 생식　　　　　　　⑤ 향기

꽃의 번식 과정을 정리해 볼까요?

>> 꽃의 번식 과정에 대해 설명한 글을 읽었습니다. 빈칸에 들어갈 말을 [보기]에서 찾아 써넣으며 글 내용을 정리해 봅시다.

보기
| 수분 | 곤충 | 밑씨 | 수정 |
| 씨방 | 열매 | 껍질 | 꽃가루 |

꽃에 앉은 벌의 몸에 수술의 ❶[　　　]가 묻음.

그 벌이 다시 꽃의 암술머리에 앉으면 ❷[　　　]이 이루어짐.

수분이 된 꽃가루가 암술의 ❸[　　　]까지 이동함.

씨방에 있는 밑씨와 꽃가루가 만나 ❹[　　　]이 이루어짐.

수정이 끝난 밑씨가 자라서 씨가 됨.

씨가 ❺[　　　]가 됨.

● 앞 글에 나온 사자성어를 살펴보고 어떤 경우에 사용할 수 있을지 생각해 보세요.

사자성어 형형색색

形 形 色 色

모양 형   모양 형   빛 색   빛 색

여러 가지 모양과   여러 가지 색

뜻 서로 다른 모양과 색.

비슷한말 각양각색, 가지각색

사자성어 상부상조

相 扶 相 助

서로 상   도울 부   서로 상   도울 조

서로   돕고   서로   의지함

뜻 서로서로 도움.

비슷한말 협력, 협동

도와줘서 정말 고맙네.

1 '상부상조'를 사용할 수 있는 상황에 ○표 하시오.

(1) 자기와 상관없는 일에 간섭하는 경우 ( )

(2) 사소한 것을 아끼다가 큰 손해를 본 경우 ( )

(3) 비슷한 상황을 겪는 사람들이 힘을 합쳐 서로 돕는 경우 ( )

2 사자성어를 잘못 사용한 문장은 무엇입니까? ( )

① 화단에 형형색색의 꽃들이 피어 있다.

② 우리 민족은 옛날부터 이웃과 상부상조하며 지내 왔다.

③ 매일 열심히 공부하던 지민이는 형형색색으로 성장했다.

④ 책상 위에 동생이 만든 형형색색의 장식품들이 놓여 있다.

⑤ 지훈이와 나는 서로 숙제와 준비물을 챙겨 주는 상부상조하는 관계이다.

한국사 — 대한민국 임시 정부의 활약상

배경지식의 힘

QR을 찍어 동영상을 보고
작전명 독수리에 대해 알아봅시다.

취소된 작전 작전명 독수리

대한민국 임시정부 광복군 대장 이범석

광복 | # 광복군 | # 작전 | # 독수리 | # 백범_김구 | # 자주독립

▶ 동영상을 보고 알맞은 것에 ✔ 하세요.

▶ 정답 15쪽

1 우리나라가 광복을 맞은 날짜는 언제인가요?

ㄱ 1945년 8월 15일입니다. ☐
ㄴ 1975년 8월 15일입니다. ☐

2 대한민국 임시 정부가 아메리카 합중국과 함께 준비했던 작전의 이름은 무엇인가요?

ㄱ 작전명 독수리입니다. ☐
ㄴ 작전명 호랑이입니다. ☐

3 한국 젊은이들과 아메리카 합중국 군이 함께 하려고 했던 것은 무엇인가요?

ㄱ 중국에 전선을 형성하려고 했습니다. ☐
ㄴ 일본 후방에 전선을 형성하려고 했습니다. ☐

4 백범 김구가 작전의 실패를 슬퍼한 이유는 무엇인가요?

ㄱ 독립을 하지 못했기 때문입니다. ☐
ㄴ 우리의 발언권이 없어지면서 자주독립을 하지 못했기 때문입니다. ☐

한국사 ○ 대한민국 임시 정부의 활약상

키워드 🔍	쉬움	보통	어려움
• 임시 정부	제재		
• 독립운동	어휘		
	문장		

1910년대 일제의 잔혹한 **억압** 속에서도 독립운동은 계속되었다. 민족 지도자들은 나라 안과 밖에 있는 독립운동 단체들을 하나로 묶어 더 강력한 영향력을 펼치기로 했다. 그렇게 일제의 감시로부터 비교적 자유로운 중국 상하이에서 1919년 4월 11일, 임시 정부가 **수립**되었다.

대한민국 임시 정부는 우리나라 이름을 대한민국으로 정하고, '대한민국 임시 정부'로 이름을 바꾸었다. 또한 대한민국이라는 이름에 걸맞게 민주적인 삼권 분립 원칙에 따라 체제를 갖추었다. 해외에 있는 대한민국 임시 정부의 특성상, 연락 체계를 만드는 것이 가장 중요했다. 이에 임시정부는 국내외를 연결하고 독립 자금을 모으기 위해 연통제를 **시행**했다. 연통제는 임시 정부의 명령을 전달하고 군자금을 모으는 조직망으로, 주로 평안도, 황해도, 함경도 등의 지역에서 실시되었다. 또한 교통국이라는 통신 기관을 설치하여 각종 정보를 수집하고 분석했다.

대한민국 임시 정부의 또 다른 활약상 중 하나는 바로 외교 활동이다. 임시 정부는 **유창한** 외국어 실력을 갖춘 김규식을 파리 강화 회의에 **파견**하여 독립 청원서를 제출했다. 그뿐만 아니라 세계 여러 나라에 대표단을 보내며 우리나라의 독립을 주장했다.

국내외 독립운동의 소식을 알리기 위해 『독립신문』을 **발간**하여 우리 민족의 독립운동 상황을 자세하게 보도함으로써 각 지역에 사는 동포들의 독립 의지를 더욱 드높였다. 1920년에는 상하이에 육군 무관 학교와 간호 학교를 세워 군인을 길러 냈다. 중국 군관 학교에 군인을 파견해 교육하고, 만주에 있는 독립군을 **후원**했다.

또한 대한민국 임시 정부는 1940년대에는 한국광복군을 창설했다. 1945년에는 국내로 들어가기 위한 진입 작전을 계획했다. 대한민국 임시 정부는 아메리카 합중국과 함께 합동 작전을 계획했지만 미처 실천으로 옮기기 전에 8·15 광복을 맞았다. 그해 11월, 대한민국 임시 정부의 사람들은 국민들의 기대와 환영을 받으며 귀국했다.

📖 어휘 풀이

- **억압**: 자유롭게 행동하지 못하도록 억지로 누름.
- ○ **수립**: 국가나 정부, 계획 따위를 이룩하여 세움.
- **시행**: 실제로 행함.
- **유창한**: 말을 하는 것이 물 흐르듯이 거침이 없는.
- **파견**: 임무를 주어 사람을 보냄.
- **발간**: 책, 신문, 잡지 따위를 만들어 냄.
- **후원**: 뒤에서 도와줌.

▶ 백범 김구는 대한민국 임시 정부 수립에 참여한 뒤 독립 운동에 앞장섰다.

1 이 글의 짜임으로 알맞은 것은 무엇입니까? ·············· (　　　)

① 순서 짜임

② 분류 짜임

③ 열거 짜임

④ 비교 대조 짜임

⑤ 원인과 결과 짜임

> **문해력 tip** 글의 짜임
> 파악하기
>
> 글 내용이나 글 제목을 살펴보면 글이 어떻게 전개될지 예상할 수 있어요. 글의 제목을 보고 어떤 짜임이 나올지 짐작할 수도 있어요.

2 이 글의 짜임과 같은 짜임으로 쓸 수 있는 글은 무엇입니까? ··· (　　　)

① 꽃의 구조

② 세종 대왕의 업적

③ 갈비탕을 만드는 순서

④ 환경 오염의 원인과 해결 방안

⑤ 감기와 독감의 공통점과 차이점

> **문해력 tip** 글감의 짜임
> 유추하기
>
> 글의 제목이나 글감만 보고도 글의 짜임을 유추할 수 있어요. 열거 짜임, 순서 짜임, 원인과 결과 짜임 등의 특징을 생각해 보세요.

3 이 글의 설계도에 들어갈 수 있는 내용으로 알맞은 것을 모두 고른 것은 무엇입니까? ·· (　　　)

> ㉠ 신문의 역사
> ㉡ 상하이의 밤
> ㉢ 대한민국 임시 정부의 외교 활동
> ㉣ 대한민국 임시 정부의 독립군 후원 활동

① ㉠, ㉡　　　　② ㉠, ㉢　　　　③ ㉡, ㉢

④ ㉡, ㉣　　　　⑤ ㉢, ㉣

> 💡 글의 설계도란 전개하는 순서나 방법에 따라 쓸 내용을 알기 쉽게 정리해 놓은 표나 그림이에요.

4 대한민국 임시 정부에 대한 설명으로 알맞지 <u>않은</u> 것은 무엇입니까? ·············· (   )

① 『독립신문』을 발행했다.

② 신사에 참배하는 활동을 하도록 장려하였다.

③ 중국 상하이에서 1919년 4월 13일 수립되었다.

④ 상하이에 육군 무관 학교를 세워 군인을 길러 냈다.

⑤ 대한민국 임시 정부는 세계 여러 나라에 대표단을 보내며 우리나라의 독립을 주장했다.

○ 핵심 정보 파악

5 다음은 대한민국 임시 정부의 비밀 조직에 대한 설명입니다. 빈칸에 들어갈 알맞은 말은 무엇입니까? ·· (   )

> 대한민국 임시 정부는 상하이에 위치해 있었기 때문에 국내와 해외를 연결하는 비밀 조직을 만드는 것이 시급했습니다. 그래서 만든 것이 ⓐ 와 ⓑ 입니다. 대한민국 임시 정부는 국내와의 비밀 연락을 목적으로 하는 ⓐ 을/를 두어 명령을 전달하였으며, 통신 기관으로 ⓑ 을 두어 국내외의 정보 수집, 분석 등을 진행했습니다. 국내외에서 마련한 독립 운동 자금은 ⓐ 나 ⓑ 조직망을 통해 임시 정부로 전달되었습니다.

① ㉠: 대표단, ㉡: 독립군

② ㉠: 연통제, ㉡: 대표단

③ ㉠: 연통제, ㉡: 교통국

④ ㉠: 교통국, ㉡: 독립군

⑤ ㉠: 교통국, ㉡: 연통제

6 다음 빈칸에 들어갈 알맞은 말은 무엇입니까? ·· (   )

> 임시 정부는 대한민국이라는 이름에 걸맞게 민주적인 체제를 갖추었습니다. 대한민국 임시 정부는 □□ 분립을 기초로 기구를 구성했습니다. □□ 분립은 나라의 권력이 세 곳으로 나뉘어 서로 견제하고 조화를 이루는 체재를 말합니다.

① 파견   ② 억압   ③ 독립

④ 외교   ⑤ 삼권

대한민국 임시 정부의 활약상에 대해 알아볼까요?

>> 대한민국 임시 정부에 대해 설명한 글을 읽었습니다. 빈칸에 들어갈 말을 [보기]에서 찾아 써넣으며 글 내용을 정리해 봅시다.

┌─ 보기 ─────────────────────────────────────┐
│ 『독립신문』   군인   합중국   한국광복군 │
│ 연통제   외교   정부   상하이 │
└──┘

4 일

3 주

비밀 조직인 ❶[   ]와 교통국을 만들어 독립운동 자금을 모으고 정보를 주고받음.

세계 여러 나라에 ❷[   ]을 파견하여 우리나라의 독립을 주장하고 호소함.

대한민국 임시 정부의 활약상

❸[   ]을 발행하여 국내외 독립운동의 소식을 자세하게 알림.

❹[   ]을 창설함.

국내로 들어가기 위한 진입 작전을 계획함.

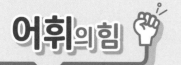
●● 삼권 분립은 무엇일까요? 삼권 분립의 의미와 필요한 이유를 생각해 보세요.

삼권 분립은 국가의 권력을 세 개로 나누었다는 뜻이에요. 우리나라에서는 입법부, 사법부, 행정부가 국가 권력을 나누어 맡아요. 한 기관이 국가의 중요한 일을 마음대로 처리할 수 없도록 서로 견제하고 균형을 이루게 하여 국민의 자유와 권리를 지키려는 것이에요.

1 다음 빈칸에 알맞은 단어를 위에서 찾아 쓰시오.

우리나라는 국가의 권력을 입법부, 사법부, ☐☐☐의 세 가지 기관으로 분산시킨다.

2 삼권 분립에 대한 설명으로 알맞은 것을 골라 기호를 쓰시오.

㉠ 국민의 자유와 권리를 제한하기 위한 것이다.
㉡ 입법부는 국회, 사법부는 정부, 행정부는 법원이다.
㉢ 국가 권력을 국회, 정부, 법원이 나누어 맡는 것이다.

(   )

사회

세계의 기후는 어떻게 다를까?

배경지식의힘 👆

QR을 찍어 동영상을 보고
고산 지대에 대해 알아봅시다.

5일 3주

높은 산 위에는
사람이 살 수 없다고요?

🔍 고산_지대 | # 지리 | # 키토 | # 고산병 | # 고도 | # 산 | # 에콰도르

▶ 동영상을 보고 알맞은 것에 ✔ 하세요.

▶ 정답 16쪽

1 남아메리카에 위치한 에콰도르의 수도는 어디인가요?

㉠ 키토입니다. ☐
㉡ 칠레입니다. ☐

2 높은 산에 도시가 발달한 이유는 무엇인가요?

㉠ 고도가 매우 높아 연중 봄과 같은 날씨가 지속되기 때문입니다. ☐
㉡ 고도가 매우 높아 추운 겨울과 같은 날씨가 지속되기 때문입니다. ☐

3 높은 산에 올라갈 때 산소가 부족하여 생기는 병은 무엇인가요?

㉠ 고산병입니다. ☐
㉡ 저산병입니다. ☐

4 높은 산에 발달한 도시의 단점은 무엇인가요?

㉠ 나무가 없어서 대기 오염이 심합니다. ☐
㉡ 공기 순환이 잘 이루어지지 않아 대기 오염이 심합니다. ☐

사회 ── 세계의 기후는 어떻게 다를까?

키워드 🔍	쉬움	보통	어려움
· 기후 · 열대 기후	제재 어휘 문장		

　기후는 일정한 지역에서 여러 해에 걸쳐 나타난 기온, 비, 눈, 바람 따위의 평균 상태를 뜻하는 말이다. 그날그날의 기상 상태를 '날씨'라고 한다면, 여러 해에 걸친 그 지역의 평균 날씨는 '기후'라고 할 수 있다. 세계 여러 나라의 기후를 크게 두 가지로 나눈다면 '나무와 식물이 잘 자라는 기후'와 '나무와 식물이 자라기 어려운 기후'로 나눌 수 있다.

　나무와 식물이 잘 자랄 수 있는 기후는 식물이 자라기에 알맞은 기온과 강수량을 가지고 있는 기후로 열대 기후, 온대 기후, 냉대 기후가 있다. 열대 기후는 가장 추운 달의 평균 기온이 18도 이상을 보인다. 아프리카 중부와 동남아시아, 브라질 북부와 같이 지구상의 적도 부근에 위치한 나라들이 열대 기후에 속한다. 온대 기후는 가장 추운 달의 평균 기온이 영하 3도에서 18도 사이에 있는 기후이다. 중위도에 위치한 나라가 많아 여름에는 열대 지방처럼 무덥고 겨울에는 한대 지방과 차이가 없을 정도로 춥다. 냉대 기후는 가장 추운 달의 평균 기온이 영하 3도 미만인 추운 지방의 기후이다. 러시아와 동유럽, 캐나다의 북부 등의 기후가 이에 속한다. 겨울이 길고 춥지만 여름에는 비교적 따뜻하여 식물이 잘 자랄 수 있다. 뾰족한 **침엽수림**이 대규모 숲을 이루고 있는 타이가도 냉대 기후에서 볼 수 있다.

　식물이 잘 자랄 수 없는 기후는 연평균 기온이 식물이 자랄 수 없을 정도로 무척 낮거나, 식물의 생존에 필요한 강수량이 아주 적은 기후로 한대 기후와 건조 기후가 있다. 한대 기후는 가장 더운 달의 평균 기온이 10도가 넘지 않는 기후이다. 일 년 내내 춥고 **일조량**도 적어 식물이 자라기에 적합하지 않다. 스칸디나비아반도 북부, 시베리아 북부, 알래스카와 캐나다 북부 등 북극에 가까운 곳이 한대 기후에 속한다. 연중 대부분 눈과 얼음으로 덮여 있으나 짧은 여름 동안 이끼류가 자라기도 한다. 그리고 건조 기후는 연 강수량이 500mm가 되지 않는 기후를 말한다. 건조 기후에서는 강수량보다 증발량이 많아 사하라, 칼라하리와 같이 사막을 이루거나 식물이 자라더라도 키가 작은 풀들만 자라 이란고원과 같이 **초원**이 발달한다. 낮에는 태양이 **작열**하고 밤에는 기온이 영하 가까이 뚝 떨어져 낮과 밤의 기온 차가 무려 30~40도에 이르기도 한다.

📖 어휘 풀이

· **침엽수림**: 침엽수(바늘처럼 가늘고 뾰족한 잎)로 이루어진 숲.
· **일조량**: 물체에 비치는 햇볕의 양.
· **초원**: 풀이 나 있는 들판.
◦ 작열: 불 따위가 이글이글 뜨겁게 타오름.

▶ 태양이 뜨겁게 작열하고 있다.

5 일

3 주

○ 문장의 내용 파악하기

1 다음 중 대표적인 열대 기후 국가들에 대해 설명한 문장의 기호를 쓰시오.

> ○ 나무와 식물이 잘 자랄 수 있는 기후는 식물이 자라기에 알맞은 기온과 강수량을 가지고 있는 기후로 열대기후, 온대기후, 냉대기후가 있다. ○ 열대기후는 가장 추운 달의 평균 기온이 18도 이상을 보인다. ○ 아프리카 중부와 동남아시아, 브라질 북부와 같이 지구상의 적도 부근에 위치한 나라들이 열대 기후에 속한다. ○ 온대기후는 가장 추운 달의 평균 기온이 영하 3도에서 18도 사이에 있는 기후이다.

( )

○ 글의 짜임 파악하기

2 이 글의 짜임으로 알맞은 것은 무엇입니까? ·············· ( )

① 예시 짜임
② 분류 짜임
③ 순서 짜임
④ 문제와 해결 짜임
⑤ 원인과 결과 짜임

물질의 종류를 설명하거나 동물의 종을 갈라서 설명하는 글은 분류 짜임의 설계도를 가져요.

○ 글의 설계도 파악하기

3 이 글의 설계도를 다음과 같이 정리할 때, 빈칸에 들어갈 알맞은 것은 무엇입니까? ·············· ( )

세계 여러 나라의 기후				
나무와 식물이 잘 자라는 기후				
열대 기후	온대 기후	냉대 기후	한대 기후	건조 기후

① 강수량이 아주 적은 기후
② 낮과 밤의 일교차가 큰 기후
③ 나무와 식물이 자라기 어려운 기후
④ 연 강수량이 500mm가 되지 않는 기후
⑤ 가장 더운 달의 평균 기온이 10도가 넘지 않는 기후

문해력 tip 설계도 파악하기

설계도의 빈칸을 채우기 위해서는 문단과 문단의 관계를 생각하며 읽어야 해요. 글을 전체적으로 파악하는 연습도 필요해요.

○ 핵심 정보 파악

4 다음 중 세계 여러 나라의 기후에 대한 설명으로 알맞지 <u>않은</u> 것은 무엇입니까? … (　　　)

① 러시아와 동유럽, 캐나다의 북부 등은 냉대 기후이다.

② 온대 기후는 가장 추운 달의 평균 기온이 영하 3도에서 18도 사이에 있는 기후이다.

③ 기후는 일정한 지역에서 여러 해에 걸쳐 나타난 기온, 비, 눈 따위의 평균 상태를 뜻하는 말이다.

④ 식물이 자라기에 알맞은 기온과 강수량을 가지고 있는 기후로는 열대기후, 온대기후, 한대기후가 있다.

⑤ 세계 여러 나라의 기후를 크게 두 가지로 나눈다면 '나무와 식물이 잘 자라는 기후'와 '나무와 식물이 자라기 어려운 기후'로 나눌 수 있다.

5 냉대 기후에 대한 설명으로 알맞지 <u>않은</u> 것은 무엇입니까? ─────────── (　　　)

① 러시아와 동유럽, 캐나다의 북부 등의 기후가 이에 속한다.

② 지구상의 적도 부근에 위치한 나라들이 냉대 기후에 속한다.

③ 겨울이 길고 춥지만 여름에는 비교적 따뜻하여 식물이 잘 자랄 수 있다.

④ 뾰족한 침엽수림이 대규모 숲을 이루고 있는 타이가도 냉대 기후에서 볼 수 있다.

⑤ 냉대 기후는 가장 추운 달의 평균 기온이 영하 3도 미만인 추운 지방의 기후이다.

6 다음 빈칸에 들어갈 말을 [보기]에서 골라 써넣으시오.

┌─ 보기 ─────────────────────────────┐
│　　열대　　　　온대　　　　냉대　　　　한대　　　　건조　　│
└───────────────────────────────────┘

☐☐ 기후는 강수량이 증발량보다 적어 매우 건조한 기후를 말해요. 아프리카의 사하라처럼 강수량이 매우 적은 곳은 사막이 나타나고, 중앙아시아처럼 짧은 풀이 자라는 곳은 초원이 넓게 나타나요. 사막 지역의 사람들은 오아시스나 강 주변에서 농사를 짓고, 초원 지역의 사람들은 물과 풀을 찾아 가축과 함께 유목 생활을 한답니다.

세계의 기후에 대해 정리해 볼까요?

>> 세계의 기후에 대해 설명한 글을 읽었습니다. 빈칸에 들어갈 말을 [보기]에서 찾아 써 넣으며 글 내용을 정리해 봅시다.

┌─ 보기 ─────────────────────────────────────┐
│   식물   평균   냉대   적도   │
│   사막   건조   북극   중위도   │
└──┘

5일
3주

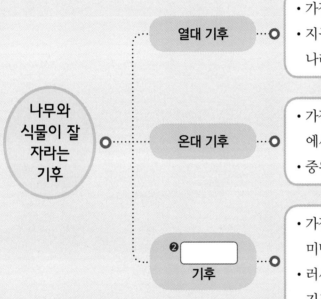

나무와 식물이 잘 자라는 기후

열대 기후
- 가장 추운 달의 평균 기온이 18도 이상.
- 지구상의 ❶ [   ] 부근에 위치한 나라들이 이에 속함.

온대 기후
- 가장 추운 달의 평균 기온이 영하 3도에서 18도 사이.
- 중위도에 위치한 나라들이 이에 속함.

❷ [   ] 기후
- 가장 추운 달의 평균 기온이 영하 3도 미만.
- 러시아와 동유럽, 캐나다의 북부 등의 기후가 이에 속함.

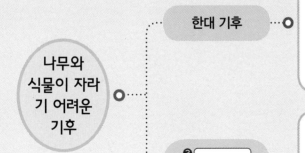

나무와 식물이 자라기 어려운 기후

한대 기후
- 가장 더운 달의 평균 기온이 10도가 넘지 않는 기후.
- 스칸디나비아반도 북부, 시베리아 북부, 알래스카와 캐나다 북부 등이 이에 속함.

❸ [   ] 기후
- 연 강수량이 500mm가 되지 않는 기후.
- 사하라, 칼라하리와 같이 ❹ [   ]을 이루거나 이란고원과 같이 초원을 이룸.

다양한 세계의 기후

▶ 정답 16쪽

● 세계의 기후는 어떻게 다를까요? 건조 기후, 온대 기후, 냉대 기후, 한대 기후를 구분해 보세요.

건조 기후

비가 거의 오지 않고 하루 동안의 기온 변화가 매우 큼. 주로 사막이나 초원이 많음.

온대 기후

사계절이 뚜렷하고 사람이 살기 적합함. 우리나라에서 나타나는 기후.

냉대 기후

겨울이 길고 매우 춥지만 여름에는 비교적 따뜻하여 식물이 자랄 수 있음.

한대 기후

일 년 내내 평균 기온이 매우 낮음. 석유와 천연가스 등이 풍부함.

1 다음과 같은 특징을 가진 기후는 무엇인지 쓰시오.

- 사계절이 뚜렷하다.
- 사람이 살기 적합한 기후이다.
- 우리나라에서 나타나는 기후이다.

(   )

2 다음 빈칸에 알맞은 단어를 위에서 찾아 쓰시오.

비가 거의 오지 않고 하루 동안의 기온 변화가 매우 큰 기후는 (   )입니다.

4주

그래프 읽기

문해력이 뛰어난 사람은 어떻게 읽을까?

문해력이 뛰어난 사람은 글과 함께 제시된 도표나 그래프의 의미를 관련지어 읽어요. 글 내용과 자료를 비교하고 자료에서 추론할 수 있는 내용까지 짐작하며 읽기 때문에 보다 탐구적인 독서를 할 수 있어요. 여러 가지 도표나 그래프는 어떻게 읽어야 하는지 공부해요.

4주에 공부할 내용

문해력 그래프 읽기

이런 친구들을 위한
문해력 솔루션! +

• 표나 그래프만 나오면 눈앞이 캄캄해진다.
• 자료는 보지 않고 글만 읽는다.
• 자료의 의미를 글 내용과 관련지어 읽지 못한다.

으액! 이 구불구불
한 선들은 뭐야??

● 그래프란 무엇일까?

그래프는 어떤 **대상의 변화를 한눈에 알기 쉽게 표현해 주는 장치**예요.
다음은 5일 동안 콩나물을 기르면서 콩나물의 길이를 관찰한 결과예요.
관찰한 날에 콩나물의 길이가 어떠했는지 표를 보면 알 수 있어요. 이것을
그래프로 어떻게 나타낼 수 있을까요?

관찰 날짜	콩나물 길이
10일	9센티미터
11일	9.5센티미터
12일	11.2센티미터
13일	11.8센티미터
14일	12.3센티미터

▶

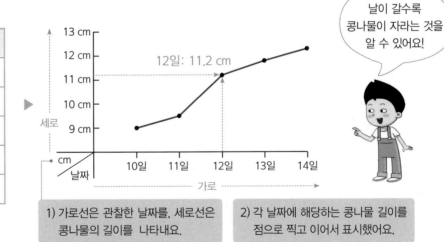

날이 갈수록
콩나물이 자라는 것을
알 수 있어요!

1) 가로선은 관찰한 날짜를, 세로선은 콩나물의 길이를 나타내요.

2) 각 날짜에 해당하는 콩나물 길이를 점으로 찍고 이어서 표시했어요.

날이 지날수록 콩나물이 점점 자란다는
것을 알 수 있어요. 그래서 계속해서 물을
주고 키우면 15일이나 16일에는 콩나물이
12.3센티미터 이상 더 커진다는 것도 짐
작할 수 있겠지요?

이처럼
막대 그래프로도
나타낼 수 있어요!

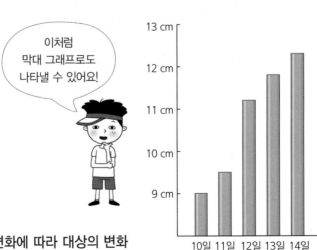

그래프는 이처럼 시간과 같은 어떤 **조건의 변화에 따라 대상의 변화
가 어떠한지 나타내** 주어요.

가로 변화와 세로 변화를 찾아서 그래프 읽기

오른쪽은 나이에 따라 영우의 키를 나타낸 그래프예요. 그래프는 가로와 세로가 무엇을 나타내는지 파악하며 읽어야 해요. 아래에 있는 가로선은 영우의 나이를 나타내고 세로선은 각 나이 때 영우의 키를 나타내요. 그래프를 읽어 볼까요?

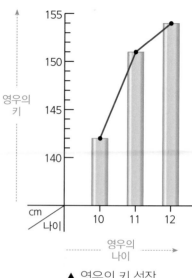

▲ 영우의 키 성장

그래프 읽기

㉠ 영우는 10살 때 키가 142센티미터였다.
㉡ 11살 때는 151센티미터이고, 12살 때는 154센티미터였다.
㉢ 아마도 영우는 나이를 먹을수록 키가 계속 자랄 것이다.

㉠, ㉡과 같이 영우의 나이에 해당하는 키를 찾아 그래프를 읽을 수 있어요. 그리고 ㉢처럼 그래프가 오른쪽 위로 올라가는 모양을 보고 영우의 키가 계속 자랄 거라고 읽을 수도 있지요.

그래프의 선 모양이 뜻하는 것

1) 가로선의 변화에 따라 값이 점점 증가하거나 줄어드는 그래프

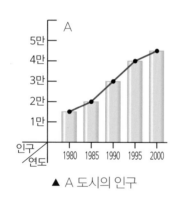

▲ A 도시의 인구

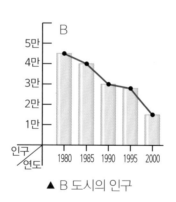

▲ B 도시의 인구

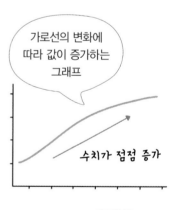

가로선의 변화에 따라 값이 증가하는 그래프

수치가 점점 증가

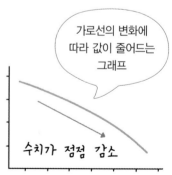

가로선의 변화에 따라 값이 줄어드는 그래프

수치가 점점 감소

A와 같이 오른쪽으로 올라가는 그래프는 가로선의 변화에 따라 그 값이 증가하는 그래프이고 B와 같이 오른쪽으로 내려가는 그래프는 가로선의 변화에 따라 그 값이 줄어드는 그래프예요.

그래프 읽기

A 도시의 인구는 점점 증가하지만 B 도시의 인구는 점점 감소하고 있다.

2) 가로선의 변화에 따라 그 값이 증가하다가 멈추는 그래프

강아지 뽀미의 몸무게를 나타낸 그래프예요. 강아지가 어렸을 때는 시간이 갈수록 덩치가 커지고 몸무게도 늘어났지만 5년이 지나자 몸무게가 일정하게 유지되고 있어요. 이 그래프는 다음과 같이 읽을 수 있어요.

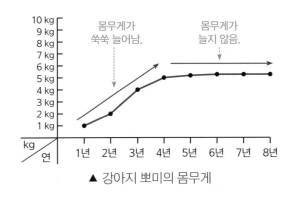

▲ 강아지 뽀미의 몸무게

그래프 읽기

ㄱ 강아지 뽀미는 4년까지는 아주 빨리 성장했다.
ㄴ 강아지 뽀미는 5년이 되자 성장이 느려졌다.
ㄷ 강아지 뽀미는 앞으로 몸무게가 잘 늘지 않을 것이다.

ㄱ과 ㄴ은 그래프에 나와 있는 내용이에요. 그리고 ㄷ은 그래프를 통해 짐작한 내용이에요.

이처럼 그래프는 **가로와 세로가 무엇을 나타내는지 찾고** 값이나 수치의 변화가 **어떠한지, 또 앞으로는 어떠할지 예상**하여 읽어야 해요.

문해력 솔루션! | **그래프 읽기**

▶ 그래프의 가로와 세로가 무엇을 나타내는지 살펴보자.
▶ 그래프의 가로가 오른쪽으로 늘어날 때 세로 값의 증가나 감소를 알아보자.
▶ 글에서 설명한 내용과 그래프의 값을 확인해 가며 꼼꼼히 읽자.

● 다음 글을 읽고 물음에 답하시오.

사람의 키는 태어나서 청소년기까지 아주 빠르게 성장한다. 특히 여자는 만 11~12세, 남자는 만 13~14세 때 8~10센티미터나 자라기도 한다. 그러나 청소년기가 지나면 키의 성장 속도는 줄어든다. 그러다가 ⓐ

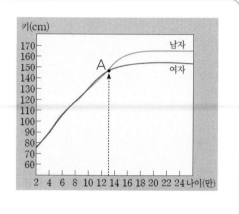

■ **중심 글감** 키의 성장 속도
■ **중심 내용** 사람의 키는 청소년기까지 아주 빠르게 성장하지만 이후 성장 속도가 줄어든다.

1 글과 함께 제시된 그래프에서 나타내고 있는 것은 무엇이겠습니까?
.... ( )

① 남자와 여자의 몸무게별 평균 키
② 남자와 여자의 나이대별 인구 수
③ 남자와 여자가 하루에 자라는 키
④ 남자와 여자의 나이대별 평균 키
⑤ 남자와 여자가 1년 동안 자라는 평균 키

그래프의 가로선은 나이를, 세로선은 그 나이의 키를 나타내요.

2 그래프의 A 부분을 바르게 읽은 것을 모두 고르시오. .... (,)

① 13세까지는 남자 여자의 평균 키가 비슷하다.
② 13세까지는 남자가 여자보다 키 성장이 빠르다.
③ 13세까지는 여자의 평균 키가 남자보다 더 크다.
④ 13세까지는 남자 여자 모두 키 성장이 빠른 편이다.
⑤ 13세 이후부터 남자와 여자의 키는 더 자라지 않는다.

■ **그래프 살펴보기**

	남자	여자
8세	117cm	118cm
10세	129cm	130cm
12세	142cm	142cm

3 그래프로 보아 ⓐ에 들어갈 말로 알맞은 것을 고르시오. .... ( )

① 20세 이후부터는 키가 줄어든다.
② 20세 이후부터는 남자의 키만 자란다.
③ 20세 이후부터는 여자의 키만 자란다.
④ 20세 이후부터는 더 이상 키가 잘 자라지 않는다.
⑤ 20세 이후부터는 남자가 여자보다 더 빨리 자란다.

20세도 160cm, 24세도 160cm는 키가 자라지 않았다는 뜻이에요.

과학 — 전기가 부족하다고요?

에너지 | 화학 | 물리 | 지구과학

배경지식의 힘

QR을 찍어 동영상을 보고
풍력 발전에 대해 알아봅시다.

불어오는 바람이 풍력 발전기의 날개를 회전시키고
이 때 생긴 날개의 회전력으로 전기를 생산

풍력 발전기를 이용하면 좋은 점은 무엇일까요?

풍력_발전 | # 바람 | # 회전력 | # 전기_생산 | # 에코_에너지

▶ 동영상을 보고 알맞은 것에 ✔ 하세요.

▶ 정답 18쪽

1 풍력 발전기란 무엇인가요?

㉠ 바람을 더 세게 만드는 장치 ☐
㉡ 바람의 에너지를 전기 에너지로 바꾸어 주는 장치 ☐

3 풍력 발전기는 어떤 곳에 설치되나요?

㉠ 바닷가나 산간 지역 ☐
㉡ 사람들이 많이 사는 도시 ☐

2 풍력 발전은 어떤 원리로 이루어지나요?

㉠ 발전기 날개의 회전력으로 전기를 생산합니다. ☐
㉡ 바람으로 발전기 날개를 고정시켜 전기를 생산합니다. ☐

4 풍력 발전기의 특징으로 알맞은 것은 무엇인가요?

㉠ 전기 사용 가격이 높습니다. ☐
㉡ 바람을 이용해서 환경을 오염시키지 않습니다. ☐

과학 ─○ 전기가 부족하다고요?

여름철이면 **전력** 공급에 문제가 생겨 정전이 일어났다는 뉴스가 종종 들려 온다. 전문가들이 전력 수요를 예측하고 전기 생산에 힘쓰는데도 이런 문제가 발생하는 이유는 무엇일까? 답은 늘어나는 전력 소비량과 어려운 전기 생산에 있다.

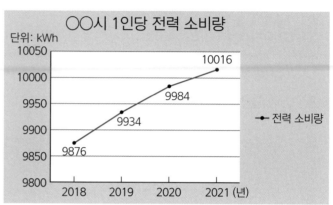

○○시 1인당 전력 소비량

그래프는 ○○시의 1인당 전력 소비량을 보여 준다. 그래프에서 알 수 있듯이 전력 소비량은 꾸준히 [㉠   ]. 생활에서 전자 제품과 인터넷을 사용하는 비중이 늘어나고 있는 만큼, 자연스레 전력 소비량도 늘어날 수밖에 없는 것이다. 그래프를 살펴보면 다음과 같은 사실을 알 수 있다. [㉡   ]

우리나라는 다양한 방식으로 전기를 생산한다. 각각의 방식 모두 저마다의 장단점을 가지고 있다. 화석 연료를 태워 전기를 생산하는 화력 발전은 **입지 선정**에 제약이 없고 비교적 쉽게 전기를 생산할 수 있다는 장점이 있지만, 연료를 태울 때 환경 오염이 발생한다. 화석 연료가 빠른 속도로 없어지고 있다는 것 역시 문제다. 반면 수력 발전과 풍력 발전은 친환경적이라는 장점이 있다. 그러나 물이 많거나 바람이 많이 부는 곳에 발전기가 위치해야 해서 입지 선정이 자유롭지 않다는 단점이 있다. **핵분열**을 이용하는 원자력 발전은 전기를 대량으로 생산할 수 있고 원료 가격이 저렴하다는 장점이 있으나, 사용 후 핵연료나 폐기물을 처리하는 것이 어렵다.

이처럼 환경 오염 등의 단점이 없는 발전 방식은 없다 보니 전기를 무한정으로 생산할 수는 없다. 그래서 전력 사용량이 오르는 만큼 전기를 생산하기가 벅찬 것이다. 그러니 이제부터라도 조금씩 전력 소비를 줄여서 전기를 아껴 쓰는 것은 어떨까?

📖 어휘 풀이

○ 전력: 단위 시간에 사용되는 전기의 양.
· **입지**: 경제 활동을 하기 위하여 선택하는 장소.
· **선정**: 여럿 중에 어떤 것을 뽑아 정함.
· **핵분열**: 원자핵이 많은 에너지를 방출하면서 두 개의 원자핵으로 분열하는 현상.

○ 전력의 단위
▶ 전력은 W(와트)와 kW(킬로와트)로 표시해요.
▶ 1kW=1000W

1 글에 사용된 그래프의 가로선과 세로선이 나타내는 것을 각각 쓰시오.

(1) 가로선: (   )
(2) 세로선: (   )

> 문해력 tip 그래프의 축
>
> 그래프가 나타내는 정보를 읽기 위해서는 그래프의 가로선과 세로선이 나타내는 것이 무엇인지 정확히 파악해야 합니다.

○ 그래프 읽기

2 빈칸에 들어갈 말이 알맞게 짝 지어진 것은 무엇입니까? ······ (   )

> 이 그래프는 ○○시의 1인당 전력 소비량을 나타내는 그래프이다. 그래프는 [㉮] 에 따른 전력 소비량 변화를 보여 준다. 그래프는 [㉯] 모양이다. 따라서 가로선의 변화에 따라 값이 [㉰] 한다는 것을 알 수 있다.

■ 그래프 가로선을 살펴보면 그래프의 값이 무엇에 따른 변화를 나타내는지 알 수 있습니다.

(그래프: 2018년 9876, 2019년 9934, 2020년 9984, 2021년 10016 / 가로축 2018 2019 2020 2021 (년) / ?)

	㉮	㉯	㉰
①	시간의 흐름	오른쪽 위로 올라가는	감소
②	시간의 흐름	오른쪽 위로 올라가는	증가
③	시간의 흐름	오른쪽 아래로 내려가는	증가
④	장소의 변화	오른쪽 위로 올라가는	감소
⑤	장소의 변화	오른쪽 아래로 내려가는	증가

○ 그래프를 보고 내용 추론하기

3 [㉠], [㉡] 에 대한 설명으로 알맞지 <u>않은</u> 것은 무엇입니까?

······ (   )

① [㉠] 에는 '늘어나고 있다'가 들어갈 수 있다.

② [㉠] 은 세로선의 변화에 따른 그래프 값의 변화에 관한 설명이다.

③ [㉡] 에는 ○○시 1인당 전력 소비량에 관한 설명이 들어갈 수 있다.

④ [㉡] 에는 '2018년과 2019년 사이에 전기 사용량이 크게 증가했다.'가 들어갈 수 있다.

⑤ [㉡] 에는 '2018년부터 2021년까지의 기간 동안 전력 소비량이 감소한 적은 없다.'가 들어갈 수 있다.

> 그래프의 모양을 살펴보면 값이 일정하게 증가했는지, 감소했는지, 변화가 없었는지 알 수 있습니다.

○ 글의 내용 파악하기

4 글에서 알 수 있는 사실로 알맞은 것은 무엇입니까? ┄┄┄┄┄┄┄┄┄┄┄┄┄┄ (   )

① 우리나라는 풍력 발전만으로 전기를 생산한다.

② 여름철은 전력 공급이 가장 안정적인 계절이다.

③ 모든 발전 방식은 각각의 장점과 단점을 가지고 있다.

④ 전력 소비량은 늘어나는데 전기 생산량은 줄어들고 있다.

⑤ 정전이 발생하는 것은 전문가들이 전력 수요를 예측하지 않기 때문이다.

○ 핵심 정보 파악

5 전기 생산에 대한 설명으로 알맞지 <u>않은</u> 것은 무엇입니까? ┄┄┄┄┄┄┄┄┄ (   )

① 풍력 발전은 친환경적이다.

② 원자력 발전은 전기를 대량으로 생산할 수 있다.

③ 화력 발전은 화석 연료를 태워 전기를 생산한다.

④ 화력 발전은 발전소 입지 선정에 가장 제약이 많다.

⑤ 수력 발전은 물이 많은 곳에 발전기가 위치해야 한다.

○ 글의 주장 파악하기

6 글쓴이의 주장으로 알맞은 것을 골라 번호를 쓰시오.

> ① 불필요한 전자 제품 소비를 줄이자.
> ② 불필요한 전력 소모를 줄여서 전기를 아끼자.
> ③ 공해가 없는 전기 생산 방식이 나올 때까지 전기를 쓰지 말자.

(   )

○ 핵심 낱말 파악하기

7 빈칸에 알맞은 말을 [보기]에서 찾아 쓰시오.

> ┌ 보기 ┐
> 전력   입지   선정

(1) 새로운 풍력 발전 단지를 짓기 위한 [ ][ ]를 찾기 시작했다.

(2) 석탄 화력 발전소 입지 [ ][ ]에 대한 지역 주민의 의견이 다양하다.

(3) [ ][ ] 생산량은 에어컨 사용이 많은 여름철 중요한 화제로 다루어진다.

전력 공급과 소비에 대해 정리해 볼까요?

>> 전력 공급과 소비에 대해 설명하는 글을 읽었습니다. 빈칸에 들어갈 말을 [보기]에서 찾아 써넣으며 글 내용을 정리해 봅시다.

보기
| 전력 | 소비량 | 정전 | 연료 |
| 환경 오염 | 핵분열 | 선정 | 폐기물 |

2
일

4
주

문제점 ───○ 여름철, 전력 공급에 문제가 생겨서 ❶ [   ]이 발생함.

전력 공급과 소비 ───○ **원인** ───○ 전자 제품 사용이 늘어나면서 전력 ❷ [   ]이 꾸준히 증가함.

───○
• 화력 발전은 연료를 태울 때 심각한 ❸ [   ]을 발생시킴.
• 수력 발전과 풍력 발전은 입지 ❹ [   ]이 자유롭지 않음.
• 원자력 발전은 ❺ [   ]을 처리하기 곤란함.
• 전력 사용량만큼 전기를 생산하기가 벅참.

해결 방법 ───○ 전력 소비를 줄이며 전기를 아끼기 위해 노력해야 함.

원료와 연료는 무엇이 다를까요? 원료와 연료를 구분해 봅시다.

원료는 **어떤 물건을 만드는 재료**입니다. 달콤한 초콜릿은 카카오 열매의 씨인 카카오 콩으로 만들어집니다. 즉, 카카오 콩은 초콜릿의 원료인 것입니다. **연료**는 **태워서 빛이나 에너지 등을 얻을 수 있는 것**입니다. 휘발유를 넣어 자동차를 움직였다면 휘발유가 자동차의 연료인 것이지요.

1 빈칸에 알맞은 말을 찾아 선으로 연결하시오.

(1) 초콜릿의 [   ]인 카카오 콩의 가격이 상승하면 초콜릿의 가격이 오른다. ·

· ① 원료

(2) 자동차의 [   ]인 휘발유의 가격이 상승하면 자동차를 운행하는 데 어려움이 생긴다. ·

· ② 연료

2 ㉠~㉢을 각각 원료와 연료로 구분하여 기호를 쓰시오.

- 삼촌은 ㉠나무를 베어 작은 탁자를 만들어 주셨다.
- 아궁이에 ㉡나무를 넣어 불을 피우니 집 안이 따뜻해졌다.
- 종이를 만드는 데는 ㉢나무가 필요하기 때문에 종이를 낭비하면 자연이 파괴된다.

(1) 원료: (   )   (2) 연료: (   )

과학 생물 | 화학 | 물리 | 지구과학

키를 크게 하는 환경적 요인들

QR을 찍어 동영상을 보고
성장판에 대해 알아봅시다.

3일

4주

키가 자랄 수 있는지 알 수 있다고요?

성장판 | # 뼈 # 키 # 어린이 # 세포 # 나이

▶ 동영상을 보고 알맞은 것에 ✔ 하세요.

▶ 정답 19쪽

1 성장판이란 무엇인가요?

ⓐ 성장을 기록하는 판 ☐
ⓑ 뼈를 만드는 세포가 있는 부분 ☐

3 나이를 먹을수록 몸에 일어나는 변화로 알맞은
것은 무엇인가요?

ⓐ 뼈가 가늘고 길어집니다. ☐
ⓑ 성장판 세포의 활동이 줄어듭니다. ☐

2 성장판에 있는 세포가 하는 일은 무엇인가요?

ⓐ 뼈가 자라게 합니다. ☐
ⓑ 부러진 뼈가 붙을 수 있게 해 줍니다. ☐

4 '성장판이 닫힌다'는 표현은 어떤 의미인가요?

ⓐ 더는 키가 자라지 않습니다. ☐
ⓑ 성장판 세포가 물렁한 뼈로 바뀝니다. ☐

키를 크게 하는 환경적 요인들

'키는 유전이다.'가 아주 틀린 말은 아니야. 키에는 유전적 요인이 중요한 영향을 미치기 때문이지. 하지만 환경적 요인 역시 키 성장에 큰 영향을 준다는 사실을 알고 있니? 유전적 요인만이 키를 결정짓는 전부는 아니라는 말이지.

식습관은 키에 영향을 미치는 대표적인 환경적 요인이야. 뼈와 근육, 성장 호르몬을 만들어 내는 영양소를 충분히 골고루 섭취해야만 키 성장이 순조롭게 이루어질 수 있어. 만일 칼슘만 많이 섭취하고 단백질은 섭취하지 않는 등 영양 불균형 상태에 놓인다면 키가 잘 자라지 않을 거야.

충분한 수면 역시 키 성장에 중요한 역할을 해. 성장 호르몬은 밤 10시부터 다음 날 새벽 2시 사이에 많이 **분비**돼. 이 시간에 깨어 있거나 잘 잠들지 못한다면 성장 호르몬이 제대로 분비되기 어려워. **자정** 넘어서까지 공부나 게임을 하는 습관이 있다면 고치는 것이 좋겠지?

또한 키 성장에는 활동량에 따른 차이도 있어. 성장기에는 적절한 운동을 통해 성장판을 자극하고 비만을 예방하는 것이 키 성장에 도움이 돼. 그러나 도리어 과도한 운동으로 성장판을 다치면 키가 크지 못할 수도 있으니 조심해야 해.

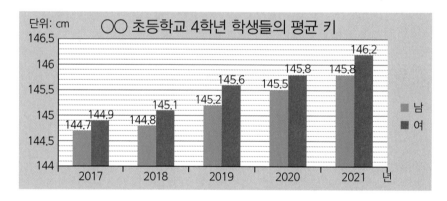

위의 그래프는 ○○초등학교 4학년 학생들의 평균 키를 조사한 자료야. 앞서 살펴본 것처럼 다양한 요인이 키 성장에 영향을 미치다 보니 [㉠   ]. 여러 환경적 요인들이 **개선**되다 보니 평균 키는 점점 커지는 **추세**야.

📖 **어휘 풀이**

• **분비**: 땀, 소화액, 호르몬 등을 몸속이나 몸 밖으로 내보내는 일.
• **자정**: 밤 열두 시.
○ **개선**: 부족한 것이나 나쁜 것을 고쳐 더 좋게 만듦.
• **추세**: 어떤 현상이 일정한 방향으로 나아가는 것.

○ **개선**
▶ 균형 잡힌 영양 섭취를 위한 식단 개선이 이루어졌다.
▶ 학습 환경을 개선하는 것은 성적 향상에 도움이 됩니다.

1 그래프에 대한 설명으로 알맞지 <u>않은</u> 것은 무엇입니까? ········ (   )

① 남학생의 평균 키가 전해와 같은 해는 없다.

② 남녀 학생 모두 2021년에 평균 키가 가장 크다.

③ 학생들의 평균 키를 1년 단위로 조사한 자료이다.

④ 여러 초등학교 학생들을 대상으로 조사한 자료이다.

⑤ 여학생의 평균 키가 남학생의 평균 키보다 작은 해는 없다.

문해력 tip   그래프 읽기

눈금선이 있는 그래프를 읽을 때에는 눈금 한 칸이 나타내는 단위가 얼마인지 살펴보아야 합니다.

3일

4주

● 그래프 읽기

2 | ㉠ |에 들어갈 내용으로 가장 알맞은 것은 무엇입니까? ⋯ (   )

① 평균 키는 해마다 변한다

② 몸무게보다 키의 변화가 크다

③ 평균 키를 재는 것은 의미 없다

④ 해마다 키를 재는 학생 수가 달라진다

⑤ 평균 키가 커질 때보다 작아지는 해가 많다

● 글과 그래프를 보고 추론하기

3 이 글의 그래프에 대한 설명으로 알맞은 말을 골라 ○표 하시오.

> 그래프의 모양을 통해 시간이 지날수록 ○○초등학교 4학년 학생의 평균 키가 (커지는 / 작아지는) 것을 알 수 있다.

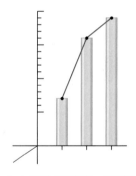

▲ 수치가 증가하는 그래프

● 글과 그래프를 보고 추론하기

4 다음 중 글과 그래프를 보고 추론할 수 있는 사실로 알맞은 것을 골라 번호를 쓰시오.

> ① 시간이 지나면 학생들의 키가 작아질 것이다.
> ② 과거보다 학생들의 영양 상태가 나아지고 있다.
> ③ 학교에서 키를 측정하는 방법에 변화가 생겼다.

(   )

그래프의 모양 변화를 통해 앞으로의 그래프 값을 예측할 수 있습니다.

○ 글의 내용 파악하기

5 글을 읽고 알 수 있는 것으로 알맞지 <u>않은</u> 것은 무엇입니까? ·················· (   )

① 비만을 예방하는 것이 키 성장에 좋다.

② 과도한 운동은 키 성장을 방해하기도 한다.

③ 새벽까지 공부하는 습관은 키 성장에 도움이 된다.

④ 유전적 요인 외에도 키에 영향을 미치는 요인이 많다.

⑤ 키 성장을 위해서는 영양소를 균형 있게 섭취해야 한다.

○ 핵심 정보 파악

6 다음 중 키 성장에 도움이 되는 습관을 골라 번호를 쓰시오.

> ① 밤 10시 이전에 잠자리에 든다.
> ② 좋아하는 음식만 많이 챙겨 먹는다.
> ③ 부상을 피하기 위해 운동을 전혀 하지 않는다.

(   )

○ 글의 내용 활용하기

7 다음 글을 읽고 키 성장과 관련하여 알맞게 말한 사람의 이름을 쓰시오.

> 민호는 아침 늦게 일어나 밥을 먹지 않고 학교에 갑니다. 민호는 축구를 좋아해서 점심 시간에는 친구들과 축구를 합니다. 신나게 놀다 보면 넘어지기도 하지만 다칠 만한 위험한 행동은 피합니다. 집에 돌아온 민호는 간식을 먹고 숙제를 합니다. 간식을 많이 먹어서 저녁은 먹지 않습니다. 밤에는 게임을 하다가 늦게 잠듭니다.

> 소민: 민호의 생활 습관은 모두 키 성장에 도움이 돼.
> 지혜: 밤에는 늦게까지 게임을 하는 대신 운동을 하는 것이 좋을 거야.
> 성현: 간식을 많이 먹는 것보다는 아침밥과 저녁밥을 챙겨 먹는 것이 좋을 거야.

(   )

키 성장의 환경적 요인을 정리해 볼까요?

≫ 키를 크게 하는 환경적 요인에 대해 설명하는 글을 읽었습니다. 빈칸에 들어갈 말을 [보기]에서 찾아 써넣으며 글 내용을 정리해 봅시다.

┌ 보기 ┐
| 유전적 | 환경적 | 영양소 | 운동 |
| 성장 호르몬 | 수면 | 불균형 | 성장판 |

4
일

4
주

❶ [   ]
요인

식습관

- 뼈와 근육, 성장 호르몬을 만들어 내는 ❷ [   ]를 골고루 섭취해야 함.
- 영양 ❸ [   ] 상태에서는 키가 잘 자라지 않음.

수면

- ❹ [   ]은 밤 10시부터 새벽 2시 사이에 많이 분비됨.
- 성장 호르몬이 분비될 시간에 잘 자는 것이 좋음.

활동량

- 적절한 운동은 비만을 예방하고 키 성장에 도움이 됨.
- 그러나 과한 운동은 ❺ [   ]을 다치게 할 수 있음.

자정 / 정오

▶ 정답 19쪽

● 자정과 정오는 어떻게 다를까요? 자정과 정오를 구분해 보세요.

1 다음 빈칸에 '자정'과 '정오' 중에서 알맞은 말을 쓰시오.

> 오늘은 한 해의 마지막 날인 12월 31일이다. 나는 아침 일찍 일어나 부모님을 도와 대청소를 했다. 청소를 하다 보니 어느새 ⓐ 이/가 지나서 점심을 먹었다. 밥을 잔뜩 먹고 나니 졸음이 밀려왔다. ⓑ 에는 TV에서 제야의 종을 치는 장면을 방영한다고 하는데 그때까지 잠을 안 자고 버틸 수 있을지 걱정된다.

(1) ⓐ : (   )   (2) ⓑ : (   )

2 다음 밑줄 친 낱말이 알맞게 쓰인 문장을 골라 기호를 쓰시오.

> ㉠ <u>정오</u>에는 해가 높이 뜨고 기온이 높아진다.
> ㉡ 한국은 영국보다 9시간 빨라서, 영국이 오전 3시일 때 한국은 <u>자정</u>이다.

(   )

한국사 ● 하나의 민족, 두 개의 나라

배경지식의 힘

QR을 찍어 동영상을 보고
몽양 여운형에 대해 알아봅시다.

하나 된 조국을 꿈꾼 남자: 몽양 여운형

몽양_여운형 | # 하나의_조국 | # 조선건국준비위원회 | # 좌우_합작_운동

4일 **4**주

▶ 동영상을 보고 알맞은 것에 ✓ 하세요.

▶ 정답 20쪽

1 소련 정부의 보고서에서 여운형 선생은 어떤
인물이라고 하였나요?

㉠ 두 나라를 통일시킬 능력이 있는 인물 ☐

㉡ 통일 임시 정부의 수상 후보로 가장 유력한 인물

☐

2 여운형 선생은 무엇을 위해서 노력했나요?

㉠ 조국의 분단을 막기 위해서. ☐

㉡ 해방된 조국의 대통령이 되기 위해서. ☐

3 조선건국준비위원회의 목표는 무엇이었나요?

㉠ 분단되지 않은 완전한 독립 국가의 건설 ☐

㉡ 다른 나라의 통치를 통한 통일 국가 건설 ☐

4 여러 테러와 비난에 여운형 선생은 어떻게 반응
했나요?

㉠ 정치를 포기하고 숨어 버림. ☐

㉡ 죽어도 정치를 포기하지 않겠다고 함. ☐

한국사 ○ 하나의 민족, 두 개의 나라

키워드 🔍
· 분단
· 통일 찬반

	쉬움	보통	어려움
제재			
어휘			
문장			

1945년, 우리나라는 일본의 무조건 항복으로 식민 지배에서 벗어나게 되었어요. 그러나 광복의 기쁨 뒤에는 또 다른 문제가 남아 있었답니다. 바로 우리나라만의 정부를 세우는 문제였어요. 식민지에서 벗어났으니 우리의 정부를 세워야 하는데, 어떤 정부를 세우느냐를 두고 팽팽한 의견 대립이 일어난 것이지요. 결국 1950년 **남침**으로 인한 6·25 전쟁이 일어났습니다. 긴 싸움 끝에 휴전 **협정**이 체결되었고, 한반도는 38도선을 기준으로 둘로 나뉘게 되었습니다.

비록 분단되었지만 우리는 여전히 하나의 민족입니다. 그래서 남북한의 정부는 그동안 꾸준히 교류를 해 왔지요. 통일을 위한 노력도 계속되었답니다. 그러나 휴전 협정이 체결되고 둘로 나뉜 지 수십 년이 흐른 지금, 통일의 필요성에 대한 인식은 많이 흐려졌습니다.

단위: % ○○ 초등학교 통일 찬반 조사

찬성 / 반대

년	2009	2012	2015	2018	2021
찬성	72	69	58	55	51
반대	28	31	42	45	49

위의 그래프는 ○○초등학교 학생들을 대상으로 3년마다 실시한 통일 찬반 조사 결과입니다. 그래프를 살펴보면 매 조사마다 통일에 찬성하는 학생이 더 많았다는 것을 알 수 있지요. 그러나

ㄱ

.

통일에는 이산가족 만남과 한반도를 넘나드는 자유로운 이동 등 긍정적인 측면이 있습니다. 하지만 시간의 흐름에 따른 남북한 국민 간의 **이질성** 심화와 막대한 통일 비용 발생 등의 **난관** 역시 무시할 수 없습니다. 통일에 대한 인식의 변화는 이러한 부정적인 요인들이 영향을 미친 것으로 보입니다.

📖 어휘 풀이

○ **남침**: 남쪽을 침범함.
· **협정**: 정부 간의 합의.
· **이질성**: 서로 바탕이 다른 특수한 성질.
· **난관**: 일을 해 나가면서 부딪치는 어려운 고비.

○ 남침의 한자

南 侵
남녘 **남** 침범할 **침**
▶ 남쪽에 불법으로 쳐들어감.

1 이 글의 그래프의 특징에 대해 바르게 설명한 사람의 이름을 쓰시오.

> 현아: 가로선과 세로선이 나타내는 것이 무엇인지 알 수 없어.
> 지훈: 그래프를 보면 여러 초등학교 학생들의 의견을 알 수 있어.
> 우혁: 가로선의 변화에 따라 막대가 의미하는 자료의 종류가 달라져.
> 혜주: 막대의 길이를 비교해서 찬성과 반대 중 어느 의견이 더 많은지 비교할 수 있어.

(   )

문해력 tip   그래프의 제목

그래프의 제목은 그래프가 어떤 정보를 담고 있는지 보여 줍니다.

4
일

4
주

○ 그래프 읽기

2 그래프에 대한 설명으로 알맞지 <u>않은</u> 것은 무엇입니까? ········ (   )

① 찬성과 반대의 격차가 가장 큰 해는 2009년이다.
② 세로선은 찬성과 반대에 대한 인원수를 나타낸다.
③ 찬성과 반대의 격차가 가장 작은 해는 2021년이다.
④ 통일 반대 비율이 처음 30%를 넘긴 것은 2012년이다.
⑤ 2009년부터 2021년까지 3년마다 조사한 결과가 나타나 있다.

> 각 막대가 나타내는 것이 무엇인지 생각하며 문제를 풀어 봅니다.

○ 그래프의 모양 파악하기

3 그래프에 대한 설명으로 알맞은 말을 골라 ○표 하시오.

> 그래프의 모양을 통해 시간이 지날수록 통일 (찬성 / 반대) 비율이 높아졌다는 것을 알 수 있다.

○ 그래프를 보고 내용 추론하기

4 ⬚ ㉠ 에 들어갈 내용으로 바른 것을 찾아 번호를 쓰시오.

> ① 반대 의견이 찬성 의견보다 많습니다.
> ② 찬성과 반대의 비율 차이는 갈수록 줄어들고 있습니다.
> ③ 그래프의 모양으로 보았을 때, 2024년에는 찬성 비율이 더 증가할 것입니다.

(   )

문해력 tip

가로선 값 하나에 여러 개의 막대가 그려진 그래프의 경우 각 막대 간의 차이점에 유의하며 그래프를 읽어야 합니다.

○ 글의 내용 파악하기

5 글의 내용으로 알맞지 <u>않은</u> 것은 무엇입니까? ·····································(   )

① 6·25 전쟁 끝에 휴전 협정이 체결되었다.

② 우리나라는 1945년 광복을 맞이하였다.

③ 남한과 북한 정부는 꾸준히 교류를 해 왔다.

④ 38도선을 기준으로 남한과 북한이 나뉘었다.

⑤ 6·25 전쟁은 북침으로 인하여 일어난 전쟁이다.

○ 핵심 정보 파악

6 다음 중 통일의 장점을 모두 골라 ○표 하시오.

(1) 이산가족의 만남   (   )

(2) 민족의 자유로운 이동   (   )

(3) 막대한 통일 비용 발생   (   )

(4) 언어 차이로 인한 사회적 혼란   (   )

○ 글의 내용 간추리기

7 이 글의 내용을 가장 잘 간추린 것의 번호를 쓰시오.

> ① 우리나라는 식민 지배에서 벗어난 이후 둘로 갈라졌다. 통일에는 긍정적인 측면과 부정적인 측면 둘 다 있다.
>
> ② 한 초등학교 학생들은 통일의 부정적인 측면만을 보는 경향이 있다. 우리는 과거에 한 나라였으므로 지금도 통일에 대한 필요성이 제시되는데, 점점 통일에 대한 반대 의견이 많아지고 있다. 이산가족 상봉과 자유로운 이동 등 통일의 긍정적인 측면을 보는 시각이 필요하다.
>
> ③ 광복 이후 정부를 세우는 문제로 인해 한반도는 두 나라로 갈라지게 되었다. 그러나 여전히 하나의 민족이므로 두 나라의 정부는 통일을 위한 노력을 계속해 왔다. 하지만 한 초등학교 학생들을 대상으로 한 조사에 따르면 통일을 반대하는 목소리가 커지고 있다. 이는 통일의 부정적인 측면이 영향을 미친 것으로 보인다.

(   )

독해의 힘 내용 구조화

한반도 분단과 통일 인식에 대해 정리해 볼까요?

>> 한반도 분단 과정과 통일 인식 변화에 대해 설명하는 글을 읽었습니다. 빈칸에 들어갈 말을 [보기]에서 찾아 써넣으며 글 내용을 정리해 봅시다.

┌ 보기 ┐
| 1945 | 정부 | 찬성 | 교류 |
| 6·25 전쟁 | 민족 | 남침 | 이산가족 |

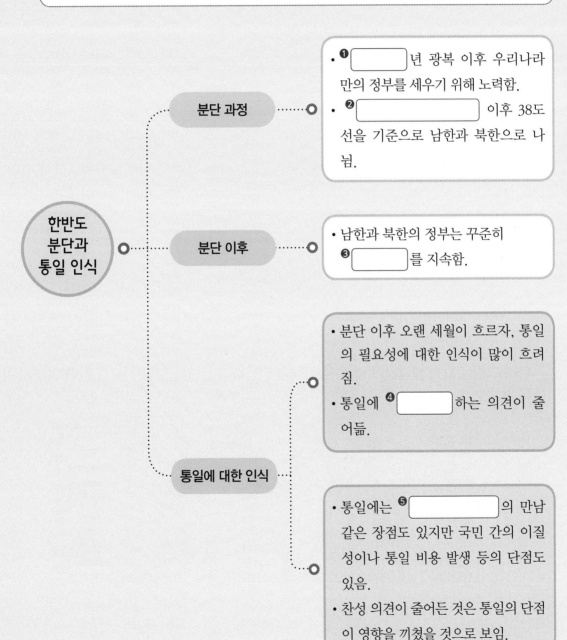

한반도 분단과 통일 인식

분단 과정
· ❶ [　　] 년 광복 이후 우리나라만의 정부를 세우기 위해 노력함.
· ❷ [　　] 이후 38도선을 기준으로 남한과 북한으로 나뉨.

분단 이후
· 남한과 북한의 정부는 꾸준히 ❸ [　　] 를 지속함.

통일에 대한 인식
· 분단 이후 오랜 세월이 흐르자, 통일의 필요성에 대한 인식이 많이 흐려짐.
· 통일에 ❹ [　　] 하는 의견이 줄어듦.

· 통일에는 ❺ [　　] 의 만남 같은 장점도 있지만 국민 간의 이질성이나 통일 비용 발생 등의 단점도 있음.
· 찬성 의견이 줄어든 것은 통일의 단점이 영향을 끼쳤을 것으로 보임.

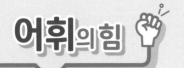

어휘의 힘 두음 법칙

▶ 정답 20쪽

● 남한과 북한의 맞춤법은 무엇이 다를까요?

	두음 법칙이 적용되는 경우	예
ㄴ → ㅇ	낱말의 첫글자가 '니, 냐, 녀, 뇨, 뉴'일 때 'ㄴ'이 'ㅇ'으로 바뀜.	• 녀자(女子) → 여자 • 년세(年歲) → 연세
ㄹ → ㄴ/ㅇ	낱말의 첫글자 초성에 'ㄹ'이 오면 'ㄴ'이나 'ㅇ'으로 바뀜.	• 로인(老人) → 노인 • 력사(歷史) → 역사

　　남한과 북한의 맞춤법 차이 중 대표적인 것은 바로 두음 법칙이에요. 남한에서는 두음 법칙이 적용되지만 북한에서는 적용되지 않는답니다.

1 다음 빈칸에 알맞은 말을 쓰시오.

- '　　㉠　　'는 '녀자(女子)'의 첫 글자에 온 'ㄴ'이 'ㅇ'으로 바뀐 낱말입니다.
- '역사'는 '력사(歷史)'의 첫 글자에 온 'ㄹ'이 '　　㉡　　'으로 바뀐 낱말입니다.
- '노인'은 '로인(老人)'의 첫 글자에 온 '　　㉢　　'이 'ㄴ'으로 바뀐 낱말입니다.

(1) ㉠ : (　　　　　　　　　　)

(2) ㉡ : (　　　　　　　　　　)

(3) ㉢ : (　　　　　　　　　　)

2 아래 그림을 보고 끝말잇기 중 두음 법칙을 적용하여 낱말을 말한 친구를 찾아 알맞게 이름을 쓰시오.

(1) 'ㄴ'을 'ㅇ'으로 바꾸어 말한 사람: (　　　　　　　　　　)

(2) 'ㄹ'을 'ㄴ'으로 바꾸어 말한 사람: (　　　　　　　　　　)

(3) 'ㄹ'을 'ㅇ'으로 바꾸어 말한 사람: (　　　　　　　　　　)

과학

공기에는 무엇이 들어 있을까요?

배경지식의 힘

QR을 찍어 동영상을 보고
질소의 성질에 대해 알아봅시다.

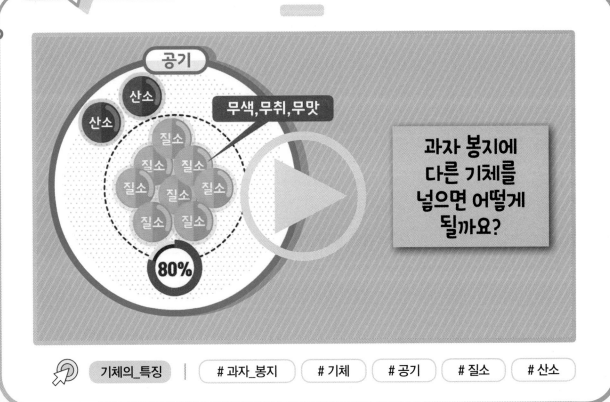

공기

산소
산소

무색, 무취, 무맛

질소
질소 질소
질소 질소 질소
질소 질소

80%

과자 봉지에
다른 기체를
넣으면 어떻게
될까요?

5일

4주

기체의_특징 | # 과자_봉지 | # 기체 | # 공기 | # 질소 | # 산소

▶ 동영상을 보고 알맞은 것에 ✔ 하세요.

▶ 정답 21쪽

1 과자 봉지에 기체를 채우는 이유는 무엇인가요?

㉠ 과자의 신선도를 유지하려고. ☐
㉡ 과자의 포장이 예뻐 보이게 하려고. ☐

2 왜 과자 봉지에는 질소를 채우나요?

㉠ 질소가 가장 저렴해서. ☐
㉡ 질소는 다른 물질과 잘 반응하지 않아서. ☐

3 과자 봉지에 산소를 채우면 어떤 일이 일어날까요?

㉠ 과자의 색과 맛이 변할 수 있습니다. ☐
㉡ 과자가 팔리기 전에 봉지에서 기체가 빠져나갈 수 있습니다. ☐

4 과자 봉지에 채운 질소의 역할로 알맞은 것은 무엇인가요?

㉠ 과자가 눅눅해지게 만듭니다. ☐
㉡ 과자가 부서지는 것을 막습니다. ☐

과학 ○ 공기에는 무엇이 들어 있을까요?

키워드 🔍
• 대기
• 기체의 특징

	쉬움	보통	어려움
제재			
어휘			
문장			

우리가 매일 숨 쉬며 들이마시는 공기에는 산소 이외에도 여러 **기체**가 포함되어 있습니다. 사실 공기 중에서 산소가 차지하는 **비율**은 약 21%뿐이랍니다. 색도 향도 없는 산소는 우리가 생명 활동을 하는 데 필수적인 기체입니다. 그래서 잠수부의 공기통이나 병원에서 쓰는 호흡기에 산소가 쓰입니다. 산소를 제외한 공기의 나머지는 그래프에서 확인할 수 있는 것처럼 다른 여러 가지 기체로 채워져 있습니다. 그렇다면 공기를 채우고 있는 기체들이 어떤 특성을 가지고 있는지 좀 더 알아볼까요?

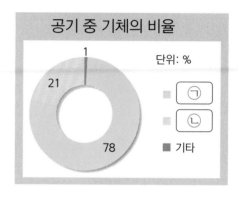

공기 중 기체의 비율

단위: %

1

21

78

□ ㉠
□ ㉡
■ 기타

공기에서 가장 큰 비율을 차지하고 있는 질소는 공기의 약 78%를 차지하고 있습니다. 질소도 색도 없고 향도 없는 기체입니다. 하지만 **활용**되는 곳은 매우 많답니다. 질소는 로켓 연료를 만드는 데 쓰이기도 하고 과자 등 식품의 상태를 **보존**하기 위해 쓰이기도 합니다. 온도를 **영하** 196℃까지 떨어뜨리면 질소는 아주 차가운 액체 상태로 변하는데, 이 액체 질소는 화학, 철강, **공업**, 식품 등 여러 분야에서 사용됩니다.

앞의 두 기체를 **빼고** 남은 공기의 1%가량은 이산화 탄소와 아르곤 등 다양한 기체로 채워져 있습니다. 이산화 탄소는 우리가 호흡하면서 내뱉는 기체로 많이 알고 있습니다. 그런데 이산화 탄소는 식물이 **광합성**을 할 때 사용되기도 한답니다. 식물은 이산화 탄소를 이용해서 산소를 만드는 것이지요. 우리에게 조금 낯선 아르곤도 생활 곳곳에 쓰이고 있답니다. 우리가 자주 사용하는 형광등 안을 채우는 데 쓰이는 기체도 바로 아르곤이에요. 이렇게 공기는 아주 다양한 종류의 기체로 구성되어 있답니다.

📖 **어휘 풀이**

• **기체**: 공기와 같은 물질이 나타내는 상태의 하나.
• **비율**: 다른 양에 대한 어떤 양의 비.
• **활용**: 충분히 잘 이용함.
• **보존**: 잘 보호하여 남김.
○ **영하**: 섭씨 0℃ 이하의 온도.
• **공업**: 원료를 가공하여 유용한 물건을 만드는 산업.
• **광합성**: 녹색식물이 산소 등을 합성하는 과정.

○ 영하와 영상

上 : 영상
위 **상**

零
영 **영**

0℃ 이상

0℃ 이하

下 : 영하
아래 **하**

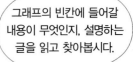
그래프의 빈칸에 들어갈 내용이 무엇인지, 설명하는 글을 읽고 찾아봅시다.

○ 글을 읽고 그래프 추론하기

1 글을 읽고 그래프의 ⓐ ㉠ , ⓐ ㉡ 에 들어갈 기체의 이름을 각각 쓰시오.

(1) ㉠ : (   )

(2) ㉡ : (   )

○ 그래프의 특성 파악하기

2 다음 중 글에 사용된 그래프에 대하여 알맞게 이야기한 사람을 모두 골라 이름을 쓰시오.

> 선영: 색으로 항목을 구분할 수 있어.
> 민재: 각 항목을 모두 더하면 100%가 돼.
> 은아: 그래프에서 숫자의 단위는 나타나 있지 않아.
> 연우: %가 높을수록 그래프 내에서 항목이 차지하는 면적이 좁아져.

(   )

문해력 tip 원그래프

원그래프는 각 항목이 전체에서 차지하는 비율을 원 모양으로 나타낸 그래프입니다.

○ 그래프의 특성 파악하기

3 그래프를 보고 알 수 <u>없는</u> 것을 골라 번호를 쓰시오.

> ① 공기를 구성하는 기체의 종류
> ② 공기를 구성하는 기체의 특성
> ③ 공기 중에서 각 기체가 차지하는 비율

(   )

○ 그래프 읽기

4 글과 그래프를 <u>잘못</u> 읽은 것은 무엇입니까? ·············· (   )

① 아르곤은 그래프에서 '기타'에 포함된다.

② 그래프에서 질소가 가장 큰 비율을 차지하고 있다.

③ 그래프의 항목은 세 가지의 기체로 구성되어 있다.

④ 그래프는 공기를 구성하는 기체의 비율에 관한 것이다.

⑤ 그래프에서 가장 큰 비율을 차지하는 기체와 두 번째로 큰 비율을 차지하는 기체가 공기의 약 99 %를 차지하고 있다.

문해력 tip 그래프 지문

그래프를 설명하는 글의 각 부분이 그래프의 어떤 항목에 대한 것인지 정리하며 읽어야 합니다.

○ 글의 내용 파악하기

5 이 글을 읽고 알 수 있는 것으로 알맞은 것은 무엇입니까? ·········· (   )

① 질소는 색과 향이 진한 기체이다.

② 산소는 공기의 약 1%를 차지한다.

③ 질소는 영하 196℃에서 액체 상태로 변한다.

④ 식물은 광합성을 해서 이산화 탄소를 만든다.

⑤ 아르곤은 물건을 만드는 데에는 사용할 수 없다.

○ 어휘 활용하기

6 다음 중 빈칸에 '영하'가 들어갈 수 있는 문장을 골라 번호를 쓰시오.

① 물은 [   ] 100℃에서 끓는다.

② [   ]의 따뜻한 기온에서는 물이 얼지 않는다.

③ 기온이 [   ](으)로 떨어진다는 뉴스를 보고 두꺼운 겉옷을 꺼냈다.

(   )

○ 글을 읽고 추론하기

7 다음 글을 읽고 기체에 대해 <u>잘못</u> 이해한 것을 골라 번호를 쓰시오.

인간은 호흡을 하며 공기를 들이마십니다. 이때에는 순수한 산소만 몸 안으로 들어오는 것이 아니라, 여러 기체가 섞여 몸 안으로 들어옵니다. 우리 몸에서 생명 활동을 하는 데 필요한 산소는 폐를 지나 혈관을 거쳐 몸의 각 부분으로 이동하고, 불필요한 이산화 탄소 등의 기체는 폐에서 기관지를 지나 숨을 내쉴 때 다시 몸 밖으로 빠져나가게 됩니다.

① 숨을 들이마실 때 산소만 들이마신다.

② 몸 안에서 생명 활동에 필요한 기체와 그렇지 않은 기체가 분리된다.

③ 생명 활동에 불필요한 아르곤은 호흡을 통해 다시 몸 밖으로 빠져나온다.

(   )

공기를 구성하는 기체의 특징을 정리해 볼까요?

≫ 공기를 구성하는 기체에 대해 설명하는 글을 읽었습니다. 빈칸에 들어갈 말을 [보기]
에서 찾아 써넣으며 기체의 특징을 정리해 봅시다.

보기
질소	영하	상태	보존
산소	광합성	연료	형광등

5
일

4
주

산소
- 공기의 21%가량을 차지함.
- 생명 활동을 하는 데 필수적임.
- 공기통이나 호흡 장치를 만들 때 쓰임.

**공기를
구성하는
기체**

❶ [   ]
- 공기 중에서 가장 큰 비율을 차지함.
- 로켓 ❷[   ]를 만드는 데 쓰이거나 식품 상태를 보존하는 데 쓰임.
- ❸[   ] 196℃에서 액체 상태로 변함.

이산화 탄소
- 식물이 ❹[   ]을 하면서 사용함.

아르곤
- ❺[   ]을 채우는 데 쓰임.

어휘의힘

포함하는 낱말 / 포함되는 낱말

▶ 정답 21쪽

● 다음을 보고 포함하는 낱말과 포함되는 낱말에 대해 알아봅시다.

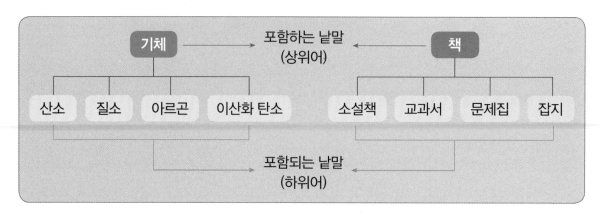

1 글을 읽고 [보기]에서 ㉠, ㉡에 알맞은 말을 찾아 각각 쓰시오.

┌─ 보기 ─
│   포함하는 낱말   포함되는 낱말

┌───
│   '기체 – 산소'와 '책 – 교과서'의 경우, '–'으로 연결된 두 낱말 사이의 관계를 각각 고려
│ 해 보았을 때 '기체'와 '책'이 [㉠]이고 '산소'와 '교과서'가 [㉡]이다.

(1) [㉠] : (   )   (2) [㉡] : (   )

2 [보기]에서 '–'으로 연결된 단어 사이의 관계를 살펴보고 포함하는 낱말과 포함되는 낱말
을 각각 분류하여 빈칸에 쓰시오.

┌─ 보기 ─
│   동물 – 사자   미역 – 해조류   빨강 – 색   옷 – 셔츠

(1) 상위어	
(2) 하위어	

3 다음 빈칸에 들어갈 말로 알맞은 것을 각각 하나씩 쓰시오.

┌───
│ • '식물'이 포함하는 낱말일 경우 포함되는 낱말이 될 수 있는 것은 [㉠]이다.
│ • '햄버거'가 포함되는 낱말일 경우 포함하는 낱말이 될 수 있는 것은 [㉡]이다.

(1) [㉠] : (   )   (2) [㉡] : (   )

memo

잘 읽고 잘 배웠나? ✔ 표를 해 보자.

- 기억나는 개념이나 지식이 있나요? ✔
- 읽으면서 새롭게 알게 된 사실이 있었나요? ☐
- 이해하기 힘들었던 부분이 있었나요? ☐
- 무엇이 가장 중요했는지 이야기할 수 있나요? ☐
- 잘 모르는 부분은 몇 번이고 더 읽고 알기 위해 애썼나요? ☐
- 그럼, 다음에는 어떤 책을 읽고 싶은지 정했나요? ☐

책 한 권을 읽고 마지막 페이지를 덮은 뒤
그대로 가만히 있으면
여운이라는 게 남아

남의 말소리가 들리고, 내 말소리가 들리고
두런두런 소리들이 책을 덮고 나서도
내 귀를 간질이지.

그 좋은 느낌이란!

찐 천재님들의
거짓없는 솔직 후기

천재교육 도서의 사용 후기를 남겨주세요!

이벤트 혜택

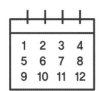

매월

100명 추첨

상품권 5천원권

이벤트 참여 방법

STEP 1

온라인 서점 또는 블로그에 리뷰(서평) 작성하기!

STEP 2

왼쪽 QR코드 접속 후 작성한 리뷰의 URL을 남기면 끝!

※ 상기 내용은 변동될 수 있으며, 자세한 내용은 QR코드 페이지를 참고해주세요.

뭘 좋아할지 몰라 다 준비했어♥
전과목 교재

전과목 시리즈 교재

● **무등생 해법시리즈**

– 국어/수학	1~6학년, 학기용
– 사회/과학	3~6학년, 학기용
– 봄·여름/가을·겨울	1~2학년, 학기용
– SET(전과목/국수, 국사과)	1~6학년, 학기용

● **똑똑한 하루 시리즈**

– 똑똑한 하루 독해	예비초~6학년, 총 14권
– 똑똑한 하루 글쓰기	예비초~6학년, 총 14권
– 똑똑한 하루 어휘	예비초~6학년, 총 14권
– 똑똑한 하루 한자	예비초~6학년, 총 14권
– 똑똑한 하루 수학	1~6학년, 학기용
– 똑똑한 하루 계산	예비초~6학년, 총 14권
– 똑똑한 하루 사고력	1~6학년, 학기용
– 똑똑한 하루 도형	예비초~6학년, 단계별
– 똑똑한 하루 사회/과학	3~6학년, 학기용
– 똑똑한 하루 봄/여름/가을/겨울	1~2학년, 총 8권
– 똑똑한 하루 안전	1~2학년, 총 2권
– 똑똑한 하루 Voca	3~6학년, 학기용
– 똑똑한 하루 Reading	초3~초6, 학기용
– 똑똑한 하루 Grammar	초3~초6, 학기용
– 똑똑한 하루 Phonics	예비초~초등, 총 8권

● **독해가 힘이다 시리즈**

– 초등 문해력 독해가 힘이다 비문학편	3~6학년
– 초등 수학도 독해가 힘이다	1~6학년, 학기용
– 초등 문해력 독해가 힘이다 문장제수학	1~6학년, 총 12권

영어 교재

● **초등영어 교과서 시리즈**

파닉스(1~4단계)	3~6학년
영단어(1~4단계)	3~6학년, 학년용
● LOOK BOOK 영단어	3~6학년, 단행본
● 원서 읽는 LOOK BOOK 영단어	3~6학년, 단행본

국가수준 시험 대비 교재

● 해법 기초학력 진단평가 문제집	2~6학년·중1 신입생, 총 6권

정답과 풀이

초등 **문해력**
독해가
힘이다

비문학편

6단계 A 5~6학년

천재교육

정답과 풀이
포인트 3가지

▶ 주차별 주요 문해 기술 요약 정리

▶ 독해력 향상에 꼭 필요한 해설과 도움말 제시

▶ 혼자서도 이해할 수 있는 독해 문제 풀이

정답과 풀이

10쪽 확인 문제

1 (1) 없었다.

(2) 한다(하고 있다).

(3) 보았다.

(4) 없다(없었다).

(5) 않다(않았다).

(6) 아니다(아니었다).

1 (1) '도저히'는 부정을 뜻하는 서술어와 호응합니다.

(2) '지금'은 현재의 시간 표현이므로 현재를 나타내는 서술어가 호응합니다.

(3) '지난주'는 과거의 시간 표현이므로 과거를 나타내는 서술어가 호응합니다.

(4)~(6) '차마', '결코', '여간'은 주로 부정을 뜻하는 서술어와 호응합니다.

12쪽 문해력 **연습**

1 ④ **2** ① **3** (1) ㉠ (2) ㉡ (3) ㉢

1 시간을 나타내는 말과 서술어가 알맞은지, 주어와 서술어의 호응이 자연스러운지 확인해 봅니다.

① 내일 할아버지께서 서울에 <u>오셨다.</u> → 오실 것이다.

② 나는 게임하는 것을 별로 <u>좋아한다.</u> → 좋아하지 않는다.

③ 나는 결코 친구에게 나쁜 말을 <u>했다.</u> → 하지 않았다.

⑤ 숲속에는 <u>다람쥐와 새들이 지저귀고 있었다.</u> → 다람쥐가 뛰놀고 새들이 지저귀고 있었다.

2 주어 부분이 '우리가 환경을 보호해야 하는 까닭은'인데, 서술어는 '생각한다'가 왔습니다. 주어가 '까닭은'이면 서술어는 '~ 무엇이다', '~ 때문이다'가 와야 자연스러운 문장이 됩니다.

우리가 환경을 보호해야 하는 <u>까닭은</u> 환경 파괴의 피해가 결국 우리에게 돌아오기 <u>때문이다.</u>

3 '전혀', '결코', '그다지'가 문장에 있으면 주로 부정을 뜻하는 서술어가 쓰입니다. (3)의 경우, 한여름인데도 날씨가 '그다지 덥지 않았다'가 자연스럽습니다.

문장 성분의 호응이란?

앞에 어떤 말이 오면 뒤에 특정한 말이 자연스럽게 따라오는 것.

여러 가지 호응 관계

❶ 시간 표현에 알맞은 서술어가 쓰여요.

어제(과거)

+

갔다(과거 서술어)

❷ '결코, 도저히, 차마 여간' 등은 부정을 뜻하는 서술어와 함께 쓰여요.

결코 + ~ 아니다

❸ 앞의 말에 따라 어울리는 서술어가 쓰여요.

천둥과 비가 내리다(×)

↓

천둥이 치고 비가 내리다(○)

> 호응 관계를 생각하며 문장을 읽으면 뒤에 올 서술어나 문장의 내용을 짐작할 수 있어요.

13쪽 배경지식의 힘

1 ㉡ ✔   2 ㉡ ✔
3 ㉡ ✔   4 ㉡ ✔

▶ 동영상 제목: 산신령이 알려 주는 민주주의 키워드

1 독재 정치는 한 사람 또는 적은 사람에게 정치 권력이 집중되어 있는 정치 형태를 말합니다.

3 민주주의에서 자유는 다른 사람의 이익을 해치지 않는다면 자유롭게 생각하고 행동할 수 있는 것을 말합니다.

15~16쪽 비문학 독해

1 (3) ○   2 ①
3 ㉖ 앞으로 민주주의가 어떻게 발전할까?
4 ①   5 ③
6 ①, ②, ⑤
7 (1) 평등 (2) 자유 (3) 존엄
8 ㉑

📖 글 제목: 군주제와 민주주의

1 주어가 '군주제는'이므로 '무엇이+무엇이다'의 짜임으로 된 문장입니다. 그러므로 서술어는 군주제가 무엇이다라는 내용이 나와야 주어와 서술어가 호응하게 됩니다.

2 '만약'은 '혹시 있을지도 모를 뜻밖의 경우에'라는 뜻입니다. 그래서 '만약' 다음에는 '-(라)면'과 같은 말이 이어집니다.

3 '앞으로'와 호응을 이루려면 미래를 표현하는 서술어를 사용해야 합니다.

4 '반드시'는 '틀림없이 꼭.'이라는 뜻으로 보통 '-해야 한다'라는 서술어와 호응합니다.

5 신분에 관계없이 자유와 평등을 누릴 수 있는 것은 민주주의 사회의 모습입니다.

6 민주주의는 자유와 평등을 통해 인간의 존엄성을 실현하는 것을 목표로 합니다.

8 타협이 이루어지지 않을 경우 여러 번의 대화와 토론을 거쳐 더 많은 사람들에게 이익을 주거나 도움을 주는 쪽으로 결정해야 합니다.

17쪽 독해의 힘

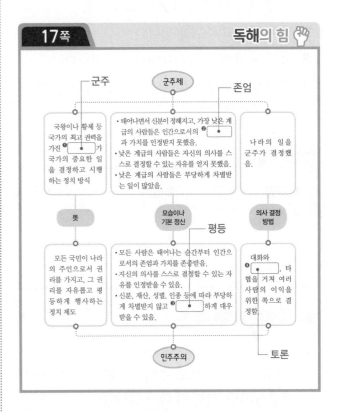

18쪽 어휘의 힘

1 (1) 김천재 씨 (2) 열 마리 (3) 우리나라
   (4) 우유, 과일, 물 등

2 (1) 청군 대 백군의 줄다리기가 시작되었다.
   (2) 추사 김정희는 유명한 서예가 겸 화가이다.

1 (1) 성과 이름에 덧붙는 호칭 '씨'는 띄어 씁니다.
   (2) 단위를 나타내는 낱말 '마리'는 앞말과 띄어 씁니다.

19쪽 **배경지식의힘** 👊

1 ㉡ ✔   2 ㉠ ✔
3 ㉡ ✔   4 ㉠ ✔

▶ 동영상 제목: **이 숫자들의 비밀은?**

1 달은 스스로 빛을 내지 못하지만 태양 빛을 받아 반사된 빛 때문에 밝게 보입니다.

2 달이 지구의 주위를 돕니다.

3 달의 공전 방향은 서쪽에서 동쪽입니다.

4 지구가 하루에 한 바퀴씩 스스로 도는 것을 자전이라고 합니다.

21~22쪽   **비문학 독해**

1 가릴   2 ⑤
3 ④   4 ④
5 ③   6 (1) 달 (2) 태양, 지구, 달
7 (1) ✕   8 ㉮

📖 글 제목: **해와 달을 삼킨 개**

1 '무엇이+무엇을+어찌하다'의 짜임으로 된 문장입니다. 그러므로 주어인 '달이'와 서술어가 호응하려면 '가릴'이 와야 합니다.

2 서술어가 '때문이에요'이므로 앞에는 까닭을 설명할 때 쓰는 말인 '왜냐하면'이 와야 문장 호응이 됩니다.

3 '마치'는 '처럼', '듯', '듯이' 따위가 붙은 낱말이나 '같다', '양하다' 따위와 같이 쓰입니다.

4 주어가 '월식은'이므로 '무엇이+무엇이다'의 짜임으로 된 문장입니다. 그러므로 서술어는 월식이 무엇이다라는 내용이 나와야 주어와 서술어가 호응하게 됩니다.

5 일식은 태양, 달, 지구 순서로 놓여 이 셋이 완벽하게 일직선이 되면 일어납니다.

7 보름달일 때 월식이 생깁니다.

8 문제에서 헤카테가 붉은 달이 뜨면 저승의 개를 몰고 나와서 저주를 퍼트린다는 내용이 나오므로 옛날 서양에서는 개기 월식을 불길한 징조로 여겼다는 것을 추론할 수 있습니다.

23쪽   **독해의힘** 👊

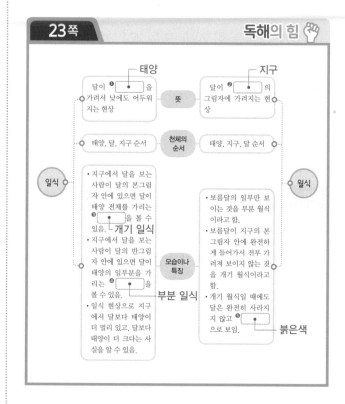

24쪽   **어휘의힘** 👊

1 (2) ○   2 (1) ② (2) ①

2 (1) "달도 차면 기운다"는 세상의 온갖 것이 한번 번성하면 다시 쇠하기 마련이라는 뜻이거나 행운이 언제까지나 계속되는 것은 아님을 비유적으로 이르는 말입니다.

(2) "달 보고 짖는 개"는 남의 일에 대해 잘 알지도 못하면서 떠들어 대는 사람을 비유적으로 이르는 말입니다. 또는 대수롭지도 않은 일에 공연히 놀라거나 겁을 내서 떠들썩하는 싱거운 사람을 비유적으로 이르는 말입니다.

25쪽 배경지식의 힘 ✊

1 ㉠ ✓ **2** ㉠ ✓
3 ㉡ ✓ **4** ㉠ ✓

▶ 동영상 제목: 100년이 지나서야 듣게 된 옥중가

3 안중근 의사의 유언 중에 "대한 독립의 소리가 천국에 들려오면 나는 마땅히 춤추며 만세를 부를 것이다."라는 내용이 있습니다.

4 옥중가는 일제가 금지곡으로 지정했지만 안중근 의사의 사촌 동생과 육촌 동생 등을 거치며 입에서 입으로 전해졌습니다.

27~28쪽 비문학 독해

1 보내졌어 **2** ②
3 ④ **4** ③
5 (3) ○ **6** ④
7 전쟁 포로 **8** 소민

📖 글 제목: 안중근 의사, 그 치열한 독립을 향한 의지

1 주어와 서술어가 호응하지 않으므로 '보냈어'를 '보내졌어'로 고쳐야 합니다.

2 ①은 주어와 목적어와 서술어의 호응, ③은 높임의 대상과 서술어의 호응, ④, ⑤는 꾸며 주는 말과 서술어의 호응이 된 문장입니다.

3 앞말이 뜻하는 행동을 하지 못하게 함을 나타내는 '마라'가 서술어이므로 이에 호응하는 '결코'가 앞에 와야 합니다. '결코'는 '어떠한 경우에도 반드시'라는 뜻입니다.

4 '문제를 마련한다'는 자연스럽지 못한 표현입니다.

5 안중근은 이토 히로부미의 얼굴을 정확히 몰랐습니다. 그래서 이토 히로부미를 쏘고 남은 총알 세 발을 이토 히로부미의 뒤를 따르던 일본인들에게 더 쏘았습니다.

6 안중근은 이토 히로부미가 동양의 평화를 깨뜨렸다고 생각하였습니다.

7 안중근은 자신을 범죄자가 아니라 전쟁 포로로 대해 달라고 말하였습니다.

8 안중근의 어머니는 안중근이 항소를 하지 않는 것이 떳떳한 행동이라고 생각하였습니다.

29쪽 독해의 힘 ✊

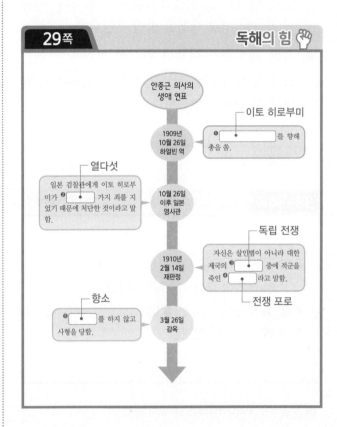

30쪽 어휘의 힘 ✊

1 (1) 포기 (2) 점 (3) 켤레
2 (1) 모 (2) 채 (3) 단

1 (2) '점'은 잘라 내거나 뜯어낸 고기 살점을 세거나 떨어지는 물방위 따위를 세는 단위로도 씁니다.

2 (2) '채'는 큰 가구나 이불 등을 세는 단위로도 씁니다.

▶ 동영상 제목: 대한 해협의 주인은 누구일까요?

1 명량 해협은 전라남도 해남군과 진도 사이에 있는 해협으로, 울돌목이라고도 합니다. 이순신 장군이 명량 대첩을 벌인 곳입니다.

4 대한 해협에서 영해를 제외한 바다는 공해로 남겨 놓아서 다른 나라의 배들이 자유롭게 지나갈 수 있게 하였습니다.

33~34쪽 | **비문학 독해**

1 (3) ○   2 ④
3 ㉮ 일본이 독도를 자기네 땅이라고 우기는 까닭은 배타적 경제 수역 때문이에요.
4 ③   5 ②
6 배타적 경제 수역(EEZ)
7 ①   8 소율

📖 글 제목: 우리나라의 바다, 넘어오지 마!

1 ㉠ 문장은 '영해는 영토, 영공과 더불어 국가의 영역을 구성합니다.'와 같이 고쳐야 문장 호응이 알맞습니다.

2 '절대로'는 긍정을 나타내는 서술어나 부정을 나타내는 서술어와 모두 호응하기는 하지만 반드시 해야 하거나 지켜야 하는 내용이 담겨 있어야 합니다.

4 주어진 문장에서 '관심을 해야 해요'는 호응하지 않지만, '노력을 해야 해요'는 호응합니다. 그러므로 '관심을 가지고'와 같이 문장을 고쳐 써야 알맞습니다.

5 영해는 한 나라의 주권이 미치는 바다로, 영해를 지날 때에는 그 나라의 허가를 받아야 합니다.

6 배타적 경제 수역에 맞닿은 나라는 인공 섬과 시설물을 설치할 수 있고 해양 환경을 지키기 위한 관리 권한도 가집니다.

35쪽 | **독해의 힘** 👊

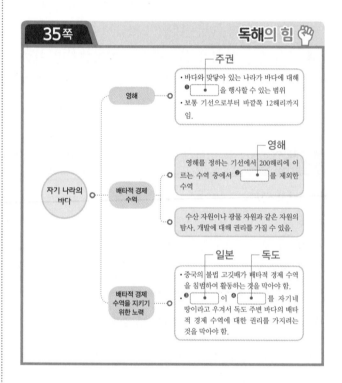

주권
• 바다와 맞닿아 있는 나라가 바다에 대해 ❶□□을 행사할 수 있는 범위
• 보통 기선으로부터 바깥쪽 12해리까지임.

영해

영해
영해를 정하는 기선에서 200해리에 이르는 수역 중에서 ❷□□를 제외한 수역

자기 나라의 바다

배타적 경제 수역
수산 자원이나 광물 자원과 같은 자원의 탐사, 개발에 대해 권리를 가질 수 있음.

일본   독도

배타적 경제 수역을 지키기 위한 노력
• 중국의 불법 고깃배가 배타적 경제 수역을 침범하여 활동하는 것을 막아야 함.
• ❸□□이 ❹□□를 자기네 땅이라고 우겨서 독도 주변 바다의 배타적 경제 수역에 대한 권리를 가지려는 것을 막아야 함.

36쪽 | **어휘의 힘** 👊

1 (1) 말하기   (2) 덮개
2 ㉢

1 (1) 보통 동사를 명사로 바꿀 때에는 동사에 '-(으)ㅁ'을 붙입니다. '말함'과 '말하기' 모두 일상생활에서 사용하기는 하지만 '말하기'만 국어사전에 실려 있는 명사입니다.

2 '생선 구움'이라고 하지 않고 '생선 구이'라고 해야 알맞습니다.

42쪽 문해력 연습

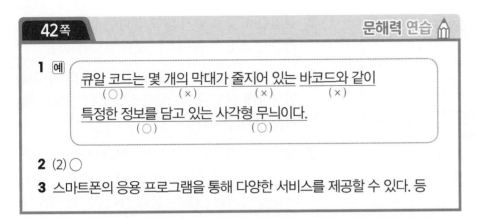

1 [예]

큐알 코드는 몇 개의 막대가 줄지어 있는 바코드와 같이
(○)   (×)   (×)   (×)

특정한 정보를 담고 있는 사각형 무늬이다.
(○)   (○)

2 (2) ○

3 스마트폰의 응용 프로그램을 통해 다양한 서비스를 제공할 수 있다. 등

○ 주요 정보를 요약하는 방법

❶ 삭제하기

예나 종류, 꾸며 주는 부분, 보충 설명이나 까닭 등은 비교적 덜 중요한 부분이니까 삭제해요.

↓

❷ 선택하기

대상의 정의, 중심 내용, 생각이나 의견은 중요한 내용이니까 선택해요.

↓

❸ 다시 짜기

기억하기 쉽게, 낱말을 중심으로 요약해요.

1 바코드에 대한 설명은 큐알 코드에 대한 이해를 돕기 위해 제시한 예시이므로 비교적 덜 중요한 부분입니다. 큐알 코드가 무엇인지를 중심으로 요약하는 것이 좋습니다.

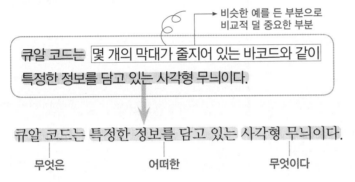

→ 비슷한 예를 든 부분으로 비교적 덜 중요한 부분

큐알 코드는 몇 개의 막대가 줄지어 있는 바코드와 같이 특정한 정보를 담고 있는 사각형 무늬이다.

↓

큐알 코드는 특정한 정보를 담고 있는 사각형 무늬이다.

무엇은   어떠한   무엇이다

2 큐알 코드를 활용하기 위해서는 무엇이 필요한지가 중요한 정보에 해당합니다. 따라서 큐알 코드를 활용하기 위해서는 스마트폰이 필요하다는 내용을 중심으로 요약해야 합니다.

3 요약한 내용의 흐름으로 보아 글의 끝 부분에서 설명한 내용을 정리해야 합니다. 큐알 코드로 무엇을 할 수 있는지 간단히 요약할 수 있습니다.

중요한 내용이나 요약 방법은 읽는 이의 목적이나 상황에 따라 조금씩 다를 수 있어요.

43쪽 배경지식의 힘

1 ⓛ ✓	2 ㉠ ✓
3 ⓛ ✓	4 ⓛ ✓

▶ 동영상 제목: 같지만 서로 다른 남과 북

1 대한민국은 약 70년 전에 남과 북으로 분단되었습니다.

2 남한과 북한 중에서 개인의 자유와 이익을 중요시하는 곳은 남한입니다.

3 북한은 집단 등교를 하고, 집단 농장을 만들어 생활합니다.

4 북한은 평양을 중심으로 정해진 문화어를 사용합니다.

44~46쪽 비문학 독해

1 (3) ○	2 ⑤
3 ⑤	4 ③
5 ③	6 ⑤
7 지오	

📖 글 제목: 나와 다른 문화를 만나는 방법

1 ㉮ 문장은 다문화 가정의 증가를 예로 들어 우리 사회의 구성원이 활발하게 변하고 있다고 말하고 있습니다.

2 이민을 가는 사람, 외국에서 공부나 일을 하는 사람을 예로 들어 다른 문화를 만날 기회가 많아지면서 낯선 문화에 대한 이해력이 중요해졌다고 말하고 있습니다.

3 ㉯에서는 문화 상대주의적 태도를 기르기 위해 필요한 자세에 대해 말하고 있습니다.

4 공정하지 못하고 한쪽으로 치우친 생각을 뜻하는 낱말은 '편견'입니다.

5 선입견을 갖고 좋지 않게 본다는 뜻을 가진 '색안경을 쓰고'가 들어가는 것이 알맞습니다.

6 문화 상대주의적 태도를 갖추면 서로의 차이를 인정하게 되고, 문화 차이에서 오는 갈등도 방지할 수 있습니다.

7 정화는 젓가락을 사용하는 우리나라의 문화가 틀렸다고 이야기하고 있습니다. 문화의 옳고 그름을 따지는 태도는 문화 상대주의적 태도라고 할 수 없습니다.

47쪽 독해의 힘

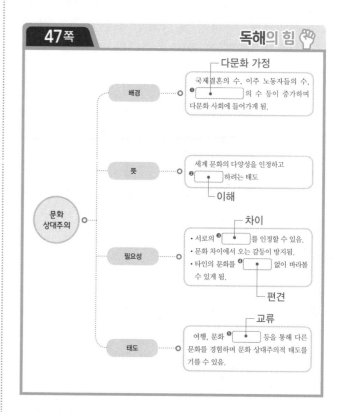

48쪽 어휘의 힘

1 ③
2 은영

1 둘 이상의 대상을 각각 등급이나 수준 차이를 두어 구별한다는 뜻의 낱말은 '차별'입니다.

2 다문화 사회에서는 문화의 다양성을 이해하고 '차별'하지 않는 자세가 필요하다고 쓰는 것이 알맞습니다.

1 ㉠ ✓   2 ㉡ ✓
3 ㉠ ✓   4 ㉠ ✓

▶ 동영상 제목: 눈은 어떤 과정을 통해 물체를 볼 수 있게 하는 걸까요?

1 각막은 눈동자를 덮고 있는 막입니다.

2 수정체는 볼렉 렌즈 모양으로 빛을 굴절시키는 역할을 합니다.

3 눈의 구조에서 상이 맺히는 곳은 망막입니다.

4 망막에 맺힌 상은 시각 신경을 통해 우리의 뇌로 전달됩니다.

1 ⑤   2 ⑤
3 청각   4 (라)
5 ②   6 ④
7 ③

📄 글 제목: 개와 고양이가 보는 세상

1 (가) 문단은 동물과 사람은 눈의 구조가 다르기 때문에 시각도 다르다고 이야기하고 있습니다.

2 (나) 문단에서는 개가 사람보다 시력이 좋지 못하고, 적색과 녹색을 구분하기 힘든 적록 색맹이라고 말하고 있습니다.

3 (다) 문단은 개가 사람보다 뛰어난 후각과 청각을 소유하고 있음을 말하고 있습니다.

4 고양이의 눈이 어둠 속에서 빛나는 이유가 나타난 문단은 (라)입니다.

5 움직이는 사물을 보는 시력을 뜻하는 낱말은 '동체 시력'입니다.

6 이 글에서는 개가 초록색과 빨간색을 정확하게 구분할 수 없는 적록 색맹이라고 이야기하고 있습니다.

7 고양이에게는 '휘판'이라고 하는 일종의 반사판이 있습니다.

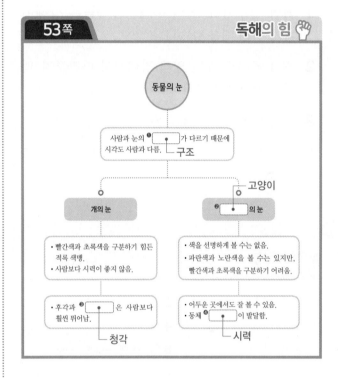

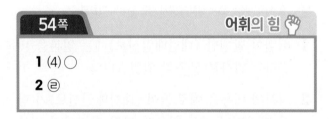

1 (4) ○
2 ㉣

1 '주마가편'은 열심히 하고 있는 사람에게 힘을 내어 더 잘하라고 격려하고 권장함을 비유적으로 이르는 말입니다. 따라서 선생님이 시험을 앞두고 열심히 공부하는 학생을 격려하는 경우에 사용할 수 있습니다.

2 '군계일학'은 많은 사람 가운데 가장 뛰어난 사람을 비유적으로 이르는 말입니다. 따라서 '거짓말하는 버릇을 군계일학하여'라는 표현은 알맞지 않습니다.

55쪽 배경지식의 힘 ✋

1 ㉠ ✓   2 ㉡ ✓

3 ㉡ ✓   4 ㉡ ✓

▶ 동영상 제목: **푸른 눈의 독립군, 조지 L. 쇼**

1 백범 김구와 15인의 독립운동가들은 상해에 가기 위해 배를 탔습니다.

2 조지 루이스 쇼는 일제 경비선이 따라오자 배를 전속력으로 몰아 경비 구역을 지났습니다.

3 조지 루이스 쇼의 조국은 아일랜드입니다.

4 조지 루이스 쇼가 설립한 이륭양행의 2층은 임시 정부의 교통국으로 사용되었습니다.

56~58쪽 비문학 독해

1 ⑤   2 ③

3 ③   4 ②

5 ⑤   6 ㉯ → ㉮ → ㉣ → ㉳

📖 글 제목: **베델, 일제 침략에 맞서 싸운 영국의 언론인**

1 베델이 발행한 《대한매일신보》에는 일본을 비판하는 기사를 실을 수 있었습니다.

2 기사의 내용을 예로 들어 《대한매일신보》가 당시 발간되던 신문 가운데 가장 강력하게 일본을 비판했다고 했습니다.

3 ㉮를 통해 베델이 한국과 한국인에 대한 애정이 깊었음을 알 수 있습니다.

4 일본은 영국인인 베델이 만든 신문의 기사를 미리 보고 검열할 수 없었습니다.

5 ㉠의 '지원'은 지지하여 돕는다는 뜻입니다. 하지만 ⑤의 '지원'은 어떤 조직의 구성원이 되기를 바란다는 뜻입니다.

6 베델은 1904년에 영국 신문사의 특파원으로 한국에 왔습니다. 그리고 한국에 남아 한국인의 독립을 지원하기로 결심하고 《대한매일신보》를 발행합니다. 하지만 일본은 베델에게 일본인 배척을 선동했다는 혐의를 씌웠습니다.

59쪽 독해의 힘 ✋

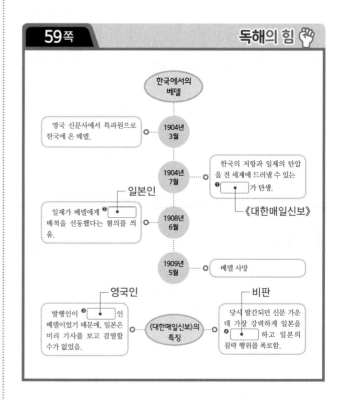

60쪽 어휘의 힘 ✋

1 ⑤

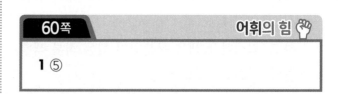

1 '바람을 쐬다'는 '기분 전환을 위하여 바깥이나 딴 곳을 다닌다는 뜻입니다. '바람을 넣다'는 남을 부추겨서 무슨 행동을 하려는 마음이 생기게 만든다는 뜻입니다. 따라서 '산책으로 바람을 쐬니 우울했던 기분이 조금 나아졌다.'라고 쓰는 것이 알맞습니다.

61쪽 — 배경지식의 힘

1 ㉠ ✓ 　　　　2 ㉡ ✓
3 ㉡ ✓ 　　　　4 ㉡ ✓

▶ 동영상 제목: **부족한 자원을 해결하는 방법**

1 '수입'이란 다른 나라로부터 국내로 상품을 사들이는 것을 뜻하는 낱말입니다.

2 자원 외교란, 자원이 풍부한 국가의 자원을 사들이거나 계약을 맺는 것을 뜻합니다.

3 우리나라 기업은 멕시코의 산타로살리아에서 구리 광산을 개발하고 있습니다.

4 해외 여러 나라에서 직접 자원 개발에 참여하면 안정적으로 자원을 확보할 수 있습니다.

62~64쪽 — 비문학 독해

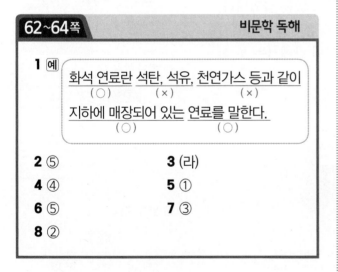

1 [예]
화석 연료란 석탄, 석유, 천연가스 등과 같이
　(○)　　　(×)　　　(×)
지하에 매장되어 있는 연료를 말한다.
　(○)　　　　　(○)

2 ⑤ 　　　　　　3 (라)
4 ④ 　　　　　　5 ①
6 ⑤ 　　　　　　7 ③
8 ②

📋 글 제목: **에너지 고갈에서 살아남기**

1 화석 연료의 예시는 비교적 덜 중요한 부분입니다.

2 (다) 문단은 화석 연료 사용이 계속되면 심각한 지구 온난화와 환경 재앙을 겪을 것이라는 내용입니다.

3 신재생 에너지의 장점에 대해 이야기하고 있는 문단은 (라)입니다.

4 (마)에서는 대표적인 신재생 에너지의 종류에 대해 말하고 있습니다.

5 화석 연료는 사용할 수 있는 양이 한정적인 유한 자원입니다.

6 대표적인 신재생 에너지로는 태양광, 조력, 풍력, 연료 전지 등이 있습니다.

7 '고갈'은 물건, 느낌, 생각 등이 모두 다 없어짐을 뜻하는 낱말입니다.

65쪽 — 독해의 힘

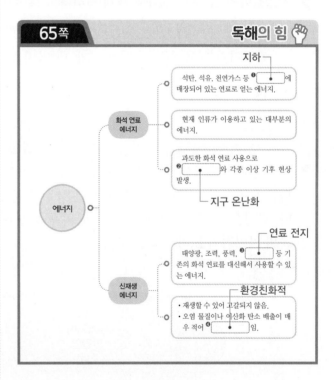

66쪽 — 어휘의 힘

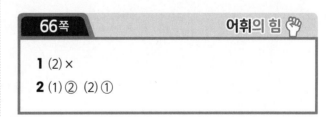

1 (2) ×
2 (1) ② (2) ①

1 '입을 모으다'는 모두 한결같이 말함을 뜻합니다. 따라서 힘을 모아 어려운 사람들을 도왔다는 표현이 알맞습니다.

2 '이목을 끌다'는 눈에 특별하게 띄거나 주의를 끌어 집중을 받는다는 뜻입니다.

문해력 | 글의 설계도를 떠올리며 읽기

1 ⑤
2 (2) ○
3 한글 사용(한글로 발간)

1 어떤 대상을 비슷한 종류끼리 가르고 묶어서 설명하는 '분류 짜임'의 설계도입니다.

2 컴퓨터가 일을 하는 순서에 대해 설명하는 글임을 알 수 있습니다.

→ 중심 글감   → 순서 짜임

컴퓨터가 일을 하는 순서는 크게 네 가지 단계를 거친다. 첫째, 사용자의 요구를 컴퓨터에 입력하는 과정이다. ……(후략)

차례를 나타내는 말 ◀

3 한성순보와 독립신문을 비교 대조 짜임으로 설명하고 있는 글입니다. 다음과 같은 설계도에서 가운데 부분은 두 신문의 공통점을 나타냅니다. 한성순보만의 특징과 독립신문만의 특징을 나타낸 칸에서는 두 신문의 차이점이 드러나게 됩니다.

한성순보   독립신문

한문   개화기에   한글
사용   발간한   사용
              신문

지금 읽는 부분이
글 설계도의 어느 부분에
해당하는지 생각하며 읽으면
글 내용을 보다 체계적으로
파악할 수 있어요!

이 주의
문해 기술 정리하기

○ 글의 설계도란?

글을 전개하는 순서나 방법에 따라 쓸 내용을 알기 쉽게 정리해 놓은 표나 그림.

○ 글의 짜임과 설계도

❶ 열거 짜임

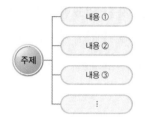

주제
내용 ①
내용 ②
내용 ③
⋮

❷ 순서 짜임

순서 1   순서 2   순서 3
첫 번째   두 번째   세 번째   …
……   ……   ……

❸ 분석 짜임

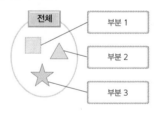

전체
부분 1
부분 2
부분 3

❹ 분류 짜임

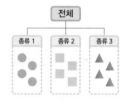

전체
종류 1   종류 2   종류 3

73쪽 — 배경지식의 힘 ✊

1 ㉠ ✓	2 ㉡ ✓
3 ㉠ ✓	4 ㉡ ✓

▶ 동영상 제목: **인권을 지키기 위한 노력**

1 국제 연합 총회는 1948년 12월 10일에 세계 인권 선언을 채택했습니다.

2 한국의 법치주의를 회복하기 위해 많은 사람들이 노력했던 운동은 4·19 혁명입니다.

3 소파 방정환은 어린이의 인권을 위해 노력했습니다.

4 최초의 어린이날은 1923년 5월 1일입니다.

74~76쪽 — 비문학 독해

1 (나)	2 ①
3 ④	4 ④
5 ⑤	6 자유권
7 ㉡	

📖 글 제목: **우리 모두의 권리**

1 평등권과 자유권에 대해 설명하고 있는 문단은 (나)입니다.

2 이 글은 국민의 기본권 다섯 가지를 나열하여 설명하고 있는 열거 짜임입니다.

3 (라) 문단에서는 사회권에 대해 설명하고 있습니다.

4 국민의 기본권 중에서, 국민이 국가에 대하여 어떤 일을 해 달라고 말할 수 있는 권리는 '청구권'입니다.

5 많은 사람들이 함께 살아가다 보면 서로의 기본권이 충돌하기도 합니다.

6 모든 국민이 자유롭게 행동하는 것은 자유권을 보장받는 모습입니다.

7 성별 때문에 직업 선택의 자유가 제한된 경우는 기본권이 침해된 사례로 볼 수 있습니다. 따라서 남성이라는 이유로 간호사 시험에 떨어진 경우를 국민의 기본권이 침해된 사례로 볼 수 있습니다.

77쪽 — 독해의 힘 ✊

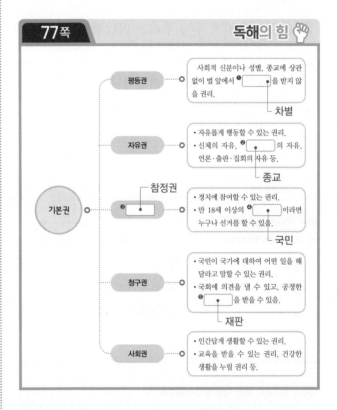

기본권
- 평등권 → 사회적 신분이나 성별, 종교에 상관없이 법 앞에서 ❶[   ]을 받지 않을 권리. └ 차별
- 자유권 → • 자유롭게 행동할 수 있는 권리. • 신체의 자유, ❷[   ]의 자유, 언론·출판·집회의 자유 등. └ 종교
- ❸[   ] 참정권 → • 정치에 참여할 수 있는 권리. • 만 18세 이상의 ❹[   ]이라면 누구나 선거를 할 수 있음. └ 국민
- 청구권 → • 국민이 국가에 대하여 어떤 일을 해 달라고 말할 수 있는 권리. • 국회에 의견을 낼 수 있고, 공정한 ❺[   ]을 받을 수 있음. └ 재판
- 사회권 → • 인간답게 생활할 수 있는 권리. • 교육을 받을 수 있는 권리, 건강한 생활을 누릴 권리 등.

78쪽 — 어휘의 힘 ✊

1 ②
2 의무
3 문수

1 헌법에는 국민이 꼭 해야 하는 의무가 나와 있습니다.

2 모든 국민은 세금을 내야 할 의무가 있습니다.

3 의무는 우리나라 국민이라면 누구나 국민으로서 당연히 해야 할 일을 말합니다.

<table>
<tr><td colspan="2">79쪽   배경지식의 힘 👊</td></tr>
<tr><td>1 ㉠ ✔</td><td>2 ㉠ ✔</td></tr>
<tr><td>3 ㉡ ✔</td><td>4 ㉡ ✔</td></tr>
</table>

▶ 동영상 제목: **뿌리, 넌 어떤 모습이야?**

1 뿌리는 식물이 흔들리지 않게 지탱하고 지지합니다.

2 옥수수를 받쳐 주는 뿌리는 버팀뿌리입니다.

3 다른 나무의 줄기에 뻗어 물과 양분을 흡수하는 뿌리는 겨우살이 뿌리입니다.

4 개구리밥 뿌리는 식물이 뒤집어지지 않도록 균형을 잡아 줍니다.

<table>
<tr><td colspan="2">80~82쪽   비문학 독해</td></tr>
<tr><td>1 ㉡</td><td>2 ③</td></tr>
<tr><td>3 ②</td><td>4 ⑤</td></tr>
<tr><td>5 ③</td><td>6 열매</td></tr>
<tr><td>7 ④</td><td></td></tr>
</table>

📖 글 제목: **꽃은 어떻게 번식할까요?**

1 꽃의 구조를 설명한 문장은 ㉡입니다.

2 이 글은 꽃의 번식 과정에 대해 차례대로 설명하고 있는 순서 짜임입니다.

3 수분이 된 꽃가루는 씨방까지 이동합니다. 씨방에 있는 밑씨와 꽃가루가 만나 '수정'이 됩니다. 수정이 끝난 밑씨는 '씨'가 되고, 씨는 열매가 됩니다.

4 수분이 이루어질 때 암술머리로 옮겨지는 것은 꽃가루입니다.

5 수분이 된 꽃가루는 암술의 밑에 있는 씨방까지 이동합니다.

6 어린 씨를 보호하고, 익은 씨를 멀리 퍼뜨리는 역할을 하는 것은 '열매'입니다.

7 '생식'은 생물이 자기와 닮은 생물을 만들어 종족을 유지한다는 뜻의 낱말입니다.

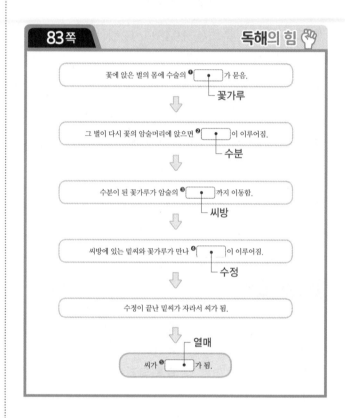

83쪽   독해의 힘 👊

꽃에 앉은 벌의 몸에 수술의 ❶[　　] 가 묻음. ─ 꽃가루

↓

그 벌이 다시 꽃의 암술머리에 앉으면 ❷[　　] 이 이루어짐. ─ 수분

↓

수분이 된 꽃가루가 암술의 ❸[　　] 까지 이동함. ─ 씨방

↓

씨방에 있는 밑씨와 꽃가루가 만나 ❹[　　] 이 이루어짐. ─ 수정

↓

수정이 끝난 밑씨가 자라서 씨가 됨.

↓ 열매

씨가 ❺[　　] 가 됨.

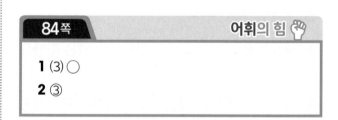

84쪽   어휘의 힘 👊

1 (3) ○

2 ③

1 '상부상조'는 서로서로 도움을 비유적으로 이르는 말입니다. 따라서 비슷한 상황을 겪는 사람들이 힘을 합쳐 서로 돕는 경우에 사용할 수 있습니다.

2 '형형색색'은 서로 다른 모양과 색을 비유적으로 이르는 말입니다. 따라서 '매일 열심히 공부하던 지민이는 형형색색으로 성장했다.'는 문장은 알맞지 않습니다.

85쪽 배경지식의 힘 ✊

1 ㉠ ✓
2 ㉠ ✓
3 ㉡ ✓
4 ㉡ ✓

▶ 동영상 제목: **취소된 작전: 작전명 독수리**

1 우리나라는 1945년 8월 15일에 광복을 맞았습니다.

2 대한민국 임시 정부와 아메리카 합중국이 함께 준비했던 작전은 작전명 독수리입니다.

3 한국 젊은이들과 아메리카 합중국 군은 일본 후방에 전선을 형성하기 위해 함께 훈련하였습니다.

4 백범 김구는 우리나라의 발언권이 없어지면서 자주 독립을 하지 못했기 때문에 작전의 실패를 슬퍼했습니다.

86~88쪽 비문학 독해

1 ③
2 ②
3 ⑤
4 ②
5 ③
6 ⑤

📄 글 제목: **대한민국 임시 정부의 활약상**

1 이 글은 대한민국 임시 정부의 활약상과 관련된 내용이 열거되고 있습니다. 따라서 이 글의 짜임은 열거 짜임입니다.

2 세종 대왕의 업적들에 대한 내용으로 글을 쓰면 열거 짜임으로 쓸 수 있습니다.

3 글의 내용에 포함되는 내용을 골라야 합니다. 신문의 역사, 상하이의 법과 관련된 내용은 포함되어 있지 않습니다.

4 신사 참배는 일제 강점기에 일본이 우리나라 사람들에게 일본의 조상신을 모신 사당에 강제로 참배하게 한 일을 말합니다. 따라서 대한민국 임시 정부에 대한 설명으로 알맞지 않습니다.

5 연통제는 임시 정부와 국내와의 비밀 연락과 관련된 조직이었습니다. 교통국은 국내외의 정보를 수집하고 분석하는 조직이었습니다.

6 대한민국 임시 정부는 삼권 분립을 기초로 기구를 구성했습니다.

89쪽 독해의 힘 ✊

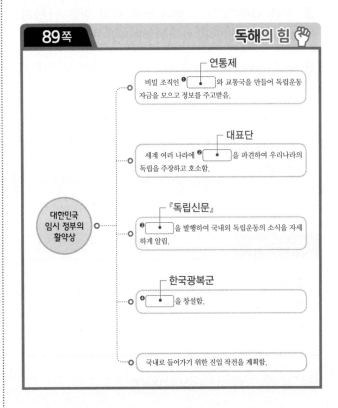

연통제
비밀 조직인 ❶[　]와 교통국을 만들어 독립운동 자금을 모으고 정보를 주고받음.

대표단
세계 여러 나라에 ❷[　]을 파견하여 우리나라의 독립을 주장하고 호소함.

『독립신문』
❸[　]을 발행하여 국내외 독립운동의 소식을 자세하게 알림.

한국광복군
❹[　]을 창설함.

국내로 들어가기 위한 진입 작전을 계획함.

(중앙) 대한민국 임시 정부의 활약상

90쪽 어휘의 힘 ✊

1 행정부
2 ㉡

1 우리나라는 입법부, 사법부, 행정부가 국가의 권력을 나누어 맡습니다.

2 삼권 분립은 국회, 정부, 법원이 서로 견제하고 균형을 이루어 국민의 자유와 권리를 지키는 제도입니다.

91쪽 　　　　　　　　　　배경지식의 힘 ✊

1 ㉠ ✓　　　　　2 ㉠ ✓
3 ㉠ ✓　　　　　4 ㉡ ✓

▶ 동영상 제목: **높은 산 위에는 사람이 살 수 없다고요?**

1 남아메리카에 위치한 에콰도르의 수도는 키토입니다.

2 높은 산은 고도가 높아 연중 봄과 같은 날씨가 지속되기 때문에 도시가 발달했습니다.

3 높은 산에 올라가면 산소가 부족하여 고산병이 생기기 쉽습니다.

4 높은 산에 발달한 도시는 공기 순환이 잘 이루어지지 않아 대기 오염이 심하다는 단점이 있습니다.

92~94쪽 　　　　　　　　　　비문학 독해

1 ㉢　　　　　　2 ②
3 ③　　　　　　4 ④
5 ②　　　　　　6 건조

📖 글 제목: **세계의 기후는 어떻게 다를까?**

1 대표적인 열대 기후 국가들에 대해 설명하고 있는 문장은 ㉢입니다.

2 이 글은 세계 여러 나라의 기후를 '나무와 식물이 잘 자라는 기후'와 '나무와 식물이 자라기 어려운 기후'로 나누고 있습니다. 따라서 이 글의 짜임은 분류 짜임입니다.

3 한대 기후와 건조 기후는 나무와 식물이 자라기 어려운 기후입니다.

4 식물이 자라기에 알맞은 기온과 강수량을 가지고 있는 기후로는 열대 기후, 온대 기후, 냉대 기후가 있습니다.

---

5 지구상의 적도 부근에 위치한 나라들은 열대 기후에 속합니다.

6 건조 기후에서는 강수량보다 증발량이 많아 사하라, 칼라하리와 같이 사막을 이루거나 식물이 자라더라도 키가 작은 풀들만 자랍니다.

95쪽 　　　　　　　　　　독해의 힘 ✊

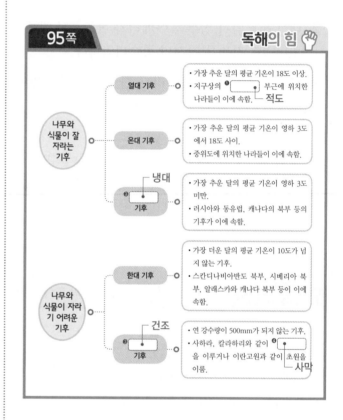

96쪽 　　　　　　　　　　어휘의 힘 ✊

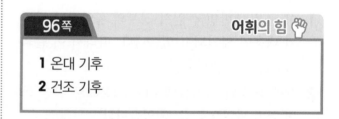

1 온대 기후
2 건조 기후

1 온대 기후는 사계절이 뚜렷하고 사람이 살기 적합한 기후를 말합니다. 우리나라에서 나타나는 기후는 온대 기후입니다.

2 비가 거의 오지 않고 하루 동안의 기온 변화가 매우 큰 기후는 건조 기후입니다.

문해력 | 그래프 읽기

102쪽

1 ④

2 ①, ④

3 ④

1 그래프의 세로 선은 키를 나타내고 가로선은 나이를 나타냅니다. 남자와 여자의 그래프 두 개가 있는 것으로 보아 남자와 여자의 나이대별 평균 키를 나타낸 그래프임을 알 수 있습니다.

2 그래프의 A 부분은 나이가 13세이고 남자 여자의 평균 키가 148센티미터 정도입니다. A 부분까지는 남자와 여자의 평균 키가 비슷하고 해마다 성장 속도가 빠르지만 A 부분 이후부터는 남자의 평균 키가 여자보다 큽니다.

3 여자와 남자 모두 오른쪽으로 그래프가 올라가다가 18~20세 부근에서는 더 이상 올라가지 않습니다. 이는 그 이상 나이가 들어도 키가 더 자라지 않는다는 뜻입니다.

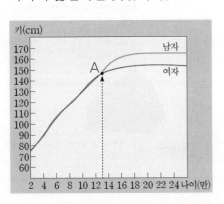

→ 가로선은 남자와 여자의 나이를 나타낸다.

→ 세로선은 남자와 여자의 키를 나타낸다.

→ 남자와 여자의 두 그래프는 13세까지 비슷하다. = 남자와 여자의 평균 키는 13세까지 비슷하다.

→ 남자와 여자의 두 그래프는 오른쪽으로 올라가다가 20세부터는 더 올라가지 않는다. = 남자와 여자의 평균 키는 20세까지 잘 자라다가 이후 잘 자라지 않는다.

이 주의
문해 기술 정리하기

○ 그래프란?

대상의 수나, 크기, 양 등의 변화를 알아보기 쉽게 나타낸 직선이나 곡선.

○ 그래프의 모양이 뜻하는 것

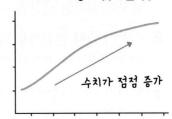

수치가 점점 증가

▲ 조건의 변화에 따라 그 값이 점점 증가해요.

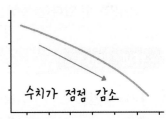

수치가 점점 감소

▲ 조건의 변화에 따라 그 값이 점점 감소해요.

○ 그래프와 관련지어 읽기

❶ 그래프가 있는 글은 그 그래프에 대해 설명한 부분이 있어요.

❷ 글에서 설명한 내용을 그래프와 비교해 가며 읽어요.

103쪽 · 배경지식의 힘

1 ㉡ ✓	2 ㉠ ✓
3 ㉠ ✓	4 ㉡ ✓

▶ 동영상 제목: **풍력 발전기를 이용하면 좋은 점은 무엇일까요?**

1 풍력 발전기는 바람의 에너지를 전기 에너지로 바꾸어 전기를 생산하는 장치입니다.

2 바람이 풍력 발전기를 회전시켜 발생하는 날개의 회전력으로 전기를 생산합니다.

3 도시가 아닌 바닷가나 산간 지역처럼 바람이 많이 부는 장소에 설치됩니다.

4 환경을 오염시키지 않고 낮은 가격에 전기를 사용할 수 있다는 특징을 가지고 있습니다.

104~106쪽 · 비문학 독해

1 (1) ⑩ 연도	(2) ⑩ 전력 소비량
2 ②	3 ②
4 ③	5 ④
6 ②	
7 (1) 입지 (2) 선정 (3) 전력	

📖 글 제목: **전기가 부족하다고요?**

1 그래프의 가로선은 ○○시 1인당 전력 소비량을 조사한 연도를, 세로선은 ○○시 1인당 전력 소비량을 나타내고 있습니다.

2 그래프의 가로선은 연도를 나타내며, 그래프는 오른쪽 위로 올라가는 모양입니다. 따라서 시간의 흐름에 따라 ○○시 1인당 전력 소비량이 증가한다는 것을 알 수 있습니다.

3 ㉠ 에는 가로선의 변화에 따른 그래프 값의 변화에 대한 설명이 알맞습니다.

4 모든 발전 방식은 각각의 장단점을 가지고 있다고 하였습니다.

6 전자 제품 소비를 줄이자거나 전기를 쓰지 말자는 주장은 드러나 있지 않습니다.

7 (1) 새로운 풍력 발전 단지를 짓기 위한 장소를 찾는다는 내용이므로 빈칸에는 '입지'가 알맞습니다.
(2) 석탄 화력 발전소의 입지를 고른다는 내용이므로 빈칸에는 '선정'이 알맞습니다.
(3) 에어컨 사용량 증가와 관련 있는 내용이므로 빈칸에는 '전력'이 알맞습니다.

107쪽 · 독해의 힘

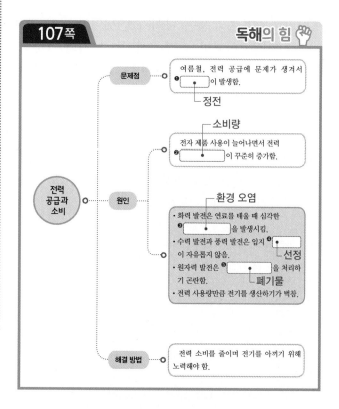

108쪽 · 어휘의 힘

1 (1) ① (2) ②	2 (1) ㉠, ㉢ (2) ㉡

1 카카오 콩은 초콜릿의 '원료'이고, 휘발유는 자동차의 '연료'입니다.

2 ㉠과 ㉢은 각각 탁자와 종이를 만드는 재료로서의 나무를 의미하고, ㉡은 태워서 불을 피우기 위한 용도로 쓰이는 나무를 의미합니다.

109쪽 — 배경지식의 힘 ✊

1 ⓒ ✓　　　　2 ㉠ ✓
3 ⓒ ✓　　　　4 ㉠ ✓

▶ 동영상 제목: 키가 자랄 수 있는지 알 수 있다고요?

1 성장판은 어린이의 뼈에 있는, 뼈를 만드는 세포가 있는 부분입니다.

2 성장판에 있는 세포는 뼈가 길고 크게 자라게 합니다.

3 나이를 먹을수록 성장판 세포가 딱딱한 뼈로 바뀌게 되고, 키가 자라지 않게 됩니다.

4 키가 더는 자라지 않는다는 의미로 사용됩니다.

110~112쪽 — 비문학 독해

1 ④　　　　2 ①
3 커지는　　　4 ②
5 ③　　　　6 ①
7 성현

📖 글 제목: 키를 크게 하는 환경적 요인들

1 그래프는 ○○초등학교 4학년 학생들을 대상으로 조사한 자료입니다. 그래프를 보고 다른 초등학교 학생들의 평균 키는 알 수 없습니다.

2 그래프를 살펴보았을 때 ㉠ 에 들어갈 내용으로 알맞은 것은 평균 키가 해마다 변한다는 내용임을 알 수 있습니다. 몸무게나 키를 재는 학생 수는 그래프를 보고 알 수 없습니다.

3 그래프는 전체적으로 오른쪽 위로 올라가는 모양으로, 시간이 지남에 따라 학생들의 평균 키가 커지는 것을 확인할 수 있습니다.

4 학교에서 키를 측정하는 방법에 대해서는 알 수 없습니다.

5 밤 10시부터 다음 날 새벽 2시 사이에 성장 호르몬이 많이 분비되므로 이 시간에 잠들어 있는 것이 키 성장에 좋다고 하였습니다.

6 적당한 양의 음식을 골고루 챙겨 먹고, 과하지 않은 운동을 하는 것이 키 성장에 도움이 된다고 하였습니다.

7 아침과 저녁을 잘 챙겨 먹지 않고 밤 늦게 자는 민호의 생활 습관은 키 성장에 도움이 되지 않습니다.

113쪽 — 독해의 힘 ✊

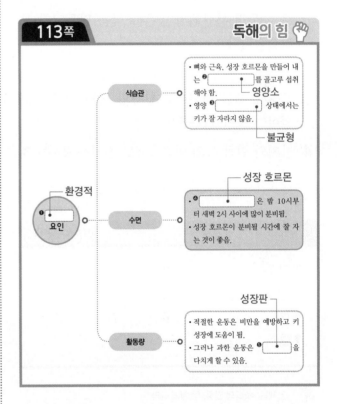

114쪽 — 어휘의 힘 ✊

1 (1) 정오　(2) 자정　　2 ㉠

1 점심을 먹는 시간과 어울리는 말은 낮 12시를 의미하는 '정오'입니다. 제야의 종을 치는 시간은 밤 12시인 '자정'입니다.

2 영국이 오전 3시일 때 한국은 낮 12시이므로 '정오'가 알맞은 표현입니다.

115쪽 배경지식의 힘

1 ⓛ ✓   2 ㄱ ✓
3 ㄱ ✓   4 ⓛ ✓

▶ 동영상 제목: 하나 된 조국을 꿈꾼 남자: 몽양 여운형

1 1946년 소련 정부 보고서에는 몽양 여운형이 통일 임시 정부의 수상 후보로 가장 유력한 인물이라고 기록되어 있습니다.

2 여운형 선생은 좌익 세력과 우익 세력을 하나로 아울러 분단되지 않은 조국을 만들고자 노력했습니다.

3 조선건국준비위원회의 목표는 우리 민족의 손으로 문제를 해결하고 완전한 독립 국가를 건설하는 것이었습니다.

4 납치와 협박 등의 어려움에도 정치를 포기하지 않았습니다.

116~118쪽 비문학 독해

1 혜주   2 ②
3 반대   4 ②
5 ⑤   6 (1) ○ (2) ○
7 ③

📖 글 제목: 하나의 민족, 두 개의 나라

1 막대그래프는 항목이 나타내는 자료의 크기에 따라 막대의 길이가 달라지므로 막대의 길이를 통해 비율의 크기를 비교할 수 있습니다.

2 세로선은 찬성과 반대에 대한 비율을 나타내고 있습니다.

3 시간이 지날수록 통일에 찬성하는 의견이 줄어들어 찬성 비율을 나타내는 막대의 길이가 짧아지고, 반대 비율을 나타내는 막대의 길이가 길어지는 것을 확인할 수 있습니다.

4 그래프의 모양으로 본다면 2024년에도 찬성 비율이 감소할 것이라고 예측할 수 있습니다.

5 6·25 전쟁은 북한의 남침으로 인하여 일어난 전쟁입니다.

7 글을 간추릴 때에는 주요 내용을 빠뜨리지 않아야 합니다.

119쪽 독해의 힘

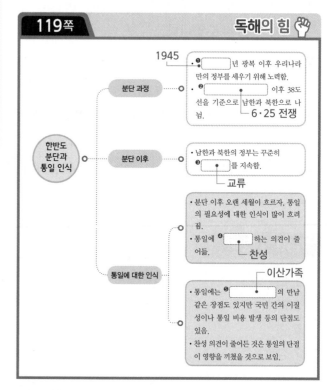

한반도 분단과 통일 인식

분단 과정
1945
• ❶[　]년 광복 이후 우리나라만의 정부를 세우기 위해 노력함.
• ❷[　　] 이후 38도선을 기준으로 남한과 북한으로 나눔. ── 6·25 전쟁

분단 이후
• 남한과 북한의 정부는 꾸준히 ❸[　]를 지속함. ── 교류

통일에 대한 인식
• 분단 이후 오랜 세월이 흐르자, 통일의 필요성에 대한 인식이 많이 흐려짐.
• 통일에 ❹[　]하는 의견이 줄어듦. ── 찬성
• 통일에는 ❺[　]의 만남 같은 장점도 있지만 국민 간의 이질성이나 통일 비용 발생 등의 단점도 있음. ── 이산가족
• 찬성 의견이 줄어든 것은 통일의 단점이 영향을 끼쳤을 것으로 보임.

120쪽 어휘의 힘

1 (1) 여자   (2) ㅇ   (3) ㄹ
2 (1) 현지   (2) 재환   (3) 정원

1 (1) 두음법칙으로 인하여 '녀자(女子)'의 첫글자에 온 'ㄴ'이 'ㅇ'으로 바뀌어 '여자'가 되었습니다.
(2) '로인(老人)'의 첫글자에 온 'ㄹ'이 'ㄴ'으로 바뀌어 '노인'이 되었습니다.
(3) '력사(歷史)'의 첫글자에 온 'ㄹ'이 'ㅇ'으로 바뀌어 '역사'가 되었습니다.

2 현지는 '녕'을 '영'으로 바꾸어 말했고 재환이는 '람'을 '남'으로 바꾸어 말했으며, 정원이는 '료'를 '요'로 바꾸어 말했습니다.

121쪽 배경지식의 힘 ✊

1 ㉠ ✓	2 ㉡ ✓
3 ㉠ ✓	4 ㉡ ✓

▶ 동영상 제목: 과자 봉지에 다른 기체를 넣으면 어떻게 될까요?

1 과자의 신선도를 유지하기 위해 질소를 채워 포장합니다.

2 질소는 다른 물질과 잘 반응하지 않아서 과자의 색과 맛을 보존할 수 있습니다.

3 산소가 다른 물질과 반응해 과자의 상태가 변할 위험이 있습니다.

4 과자가 눅눅해지거나 부서지는 것을 막고, 과자를 신선한 상태로 유지합니다.

122~124쪽 비문학 독해

1 (1) 질소 (2) 산소	2 선영, 민재
3 ②	4 ③
5 ③	6 ③
7 ①	

📃 글 제목: 공기에는 무엇이 들어 있을까요?

1 글에서 공기의 78%를 차지하는 기체는 질소라고 하였고, 공기의 21%를 차지하는 기체는 산소라고 하였습니다.

2 원그래프는 각 항목이 전체에서 차지하는 비율을 나타내는 그래프로, %가 높을수록 항목이 차지하는 면적이 넓어집니다.

3 공기를 구성하는 기체의 특성은 글을 읽고 알 수 있지만 그래프에는 드러나 있지 않습니다.

4 그래프의 '기타' 항목에는 이산화 탄소와 아르곤 등 다양한 기체가 포함되어 있습니다.

5 질소는 영하 196℃에서 액체 상태로 변해 여러 분야에 쓰인다고 하였습니다.

6 물이 끓는 온도는 영상 100℃입니다. 0℃보다 높은 영상의 기온에서는 물이 얼지 않습니다.

7 숨을 들이마실 때 공기가 몸 안으로 들어오면 산소뿐만 아니라 다른 기체도 섞여 들어온다고 하였습니다.

125쪽 독해의 힘 ✊

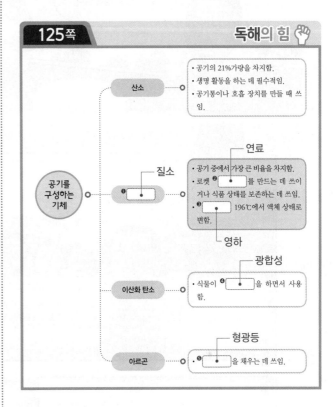

126쪽 어휘의 힘 ✊

1 (1) 포함하는 낱말	(2) 포함되는 낱말
2 (1) 동물, 해조류, 색, 옷	(2) 사자, 미역, 빨강, 셔츠
3 (1) 예 나무	(2) 예 음식

1 '기체'는 '산소'를 포함하는 의미를 가진 낱말이고, '책'은 '교과서'를 포함하는 의미를 가진 낱말입니다.

2 낱말의 의미를 생각해 보았을 때 다른 낱말을 포함하여 설명할 수 있는 의미를 가진 낱말이 무엇인지 구분해 봅니다.

3 한 낱말에 대하여 포함하는 낱말이나 포함되는 낱말이 될 수 있는 낱말은 여러 개가 있습니다.

심금을 울리다

부처님을 따르려는 제자 중에 스로오나라는 이가 있었어.

『똑똑한 하루 어휘』 6단계 발췌

memo

정답은
이안에
있어!

수학 전문 교재

● 연산 학습

빅터연산	예비초~6학년, 총 20권
창의융합 빅터연산	예비초~4학년, 총 16권

● 개념 학습

개념클릭 해법수학	1~6학년, 학기용

● 수준별 수학 전문서

해결의법칙(개념/유형/응용)	1~6학년, 학기용

● 단원평가 대비

수학 단원평가	1~6학년, 학기용

● 단기완성 학습

초등 수학전략	1~6학년, 학기용

● 상위권 학습

최고수준 S 수학	1~6학년, 학기용
최고수준 수학	1~6학년, 학기용
최강 TOT 수학	1~6학년, 학년용

● 경시대회 대비

해법 수학경시대회 기출문제	1~6학년, 학기용

예비 중등 교재

● 해법 반편성 배치고사 예상문제	6학년
● 해법 신입생 시리즈(수학/영어)	6학년

맞춤형 학교 시험대비 교재

● 열공 전과목 단원평가	1~6학년, 학기용(1학기 2~6년)

한자 교재

● 해법 NEW 한자능력검정시험 자격증 한번에 따기	6~3급, 총 8권
● 씽씽 한자 자격시험	8~7급, 총 2권
● 한자전략	1~6학년, 총 6단계

배움으로 행복한 내일을 꿈꾸는
천재교육 커뮤니티 안내

 교재 안내부터 구매까지 한 번에!
천재교육 홈페이지

자사가 발행하는 참고서, 교과서에 대한 소개는 물론
도서 구매도 할 수 있습니다. 회원에게 지급되는 별을 모아
다양한 상품 응모에도 도전해 보세요!

 다양한 교육 꿀팁에 깜짝 이벤트는 덤!
천재교육 인스타그램

천재교육의 새롭고 중요한 소식을 가장 먼저 접하고 싶다면?
천재교육 인스타그램 팔로우가 필수!
깜짝 이벤트도 수시로 진행되니 놓치지 마세요!

 수업이 편리해지는
천재교육 ACA 사이트

오직 선생님만을 위한, 천재교육 모든 교재에 대한 정보가 담긴
아카 사이트에서는 다양한 수업자료 및 부가 자료는 물론
시험 출제에 필요한 문제도 다운로드하실 수 있습니다.

https://aca.chunjae.co.kr

 천재교육을 사랑하는 샘들의 모임
천사샘

학원 강사, 공부방 선생님이시라면 누구나 가입할 수 있는 천사샘!
교재 개발 및 평가를 통해 교재 검토진으로 참여할 수 있는 기회는 물론
다양한 교사용 교재 증정 이벤트가 선생님을 기다립니다.

 아이와 함께 성장하는 학부모들의 모임공간
튠맘 학습연구소

튠맘 학습연구소는 초·중등 학부모를 대상으로 다양한 이벤트와 함께
교재 리뷰 및 학습 정보를 제공하는 네이버 카페입니다.
초등학생, 중학생 자녀를 둔 학부모님이라면 튠맘 학습연구소로 오세요!